KODANSHA

SENSHO MÉTIER

講談社選書メチエ

Cahier Sauvage

カイエ・ソバージュ III

愛と経済のロゴス

中沢新一

はじめに　カイエ・ソバージュ（Cahier Sauvage）について

全部で五冊の予定でこれから続けて出されるCahier Sauvageのシリーズは、ここ数年の間におこなわれた講義の記録である。講義のおこなわれた場所は主に大学で、それを聞いているのはだいたいが大学の二・三年生、毎週木曜日の午後に「比較宗教論」の名前でおこなわれた。

講義の記録を本にするのは、今度がはじめてである。講演とはちがって、ひとつの主題をじっくり時間をかけて展開することができるし、文章を書くのとちがって、ここにはリアルタイムの批評家としての聞き手がある。聞き手との間の暗黙の駆け引き、関心を引き寄せるための演技。こうした心理的要素が、講義という形式に独特のケレン味を与えている。講義という形式をずいぶんと気に入っていることに、最近になって私は気付いた。

歩いているときや話をしながら同時に考えていることが多いので、せっかく浮かんだよいアイディアがそのまま消えてしまうこともしょっちゅうなのだが、これらの講義に限っては、熱心に記録を取っておいてくれる学生たちがいたおかげで、話されながら浮かんできた思考の飛沫は、幸いにして消滅をまぬかれることができた。あまり準備をしすぎると、よい講義はできない。インプロビゼーションの闊達さが消えてしまうからである。素材を選び、だいたいのコード進行を決め、語りだしのキーの高ささえ決めておけば、あとは主題が（うまくいけば）自動的に展開していってくれる。そういう信仰が揺らがなければ、その講義時間は幸福である。しかしひとたびそこに動揺が忍び込むときには、むなしさに淀んだ気持ちを抱えながら教場を後にすることになる。

この一連の講義によって、私は自分たちの生きているこの現代という時代の持つ過渡的な性格を、明らかにしてみようと努めた。私たちは科学革命という「第二次形而上学革命」(これはウェルベックが『素粒子』で使っている言い方だ)以後の世界を生きている。そしてその世界がようやく潜在的可能性の全貌を、遠からぬ将来あらわに示すであろうというさまざまな兆候が、現れ始めている。

この第二次の「形而上学革命」は奇妙な性格を持っていることを、レヴィ＝ストロースがすでに明らかにしている。近現代の科学が駆使してきた思考の道具一式は、およそ一万年前にはじまった新石器革命の時期に、私たちもその子孫であるホモサピエンス・サピエンスの獲得した知的能力の中に、すでにすべてが用意されていたのである。技術や社会制度、神話や儀礼を通して表現されたその能力と根本的に異なるものを、私たちの科学はかつて一度もしめしたことがない。量子力学と分子生物学でさえ、三万年前のまだ旧石器を用いていた頃のホモサピエンス・サピエンスの脳に起こった革命的な変化が可能にした、その直接的な思考の果実なのである。

第一次の「形而上学革命」である一神教の成立がもたらした宗教は、新石器革命的な文明の大規模な否定や抑圧の上に成立している。その抑圧された「野生の思考」と呼ばれる思考の能力が、第二次の「形而上学革命」を通して、装いも根拠も新たに「科学」として復活をとげたのである。現代生活は、三万数千年前ヨーロッパの北方に広がる巨大な氷河群を前にして、サバイバルのために脳内ニューロンの接合様式を変化させることに成功した人類の獲得した潜在能力を、全面的に展開することとして出来上がってきたが、その革命の成果がほぼ出尽くしてしまうのではないか、という予感の広がりはじめているのが、今なのである。

私たちはこういう過渡的な時期を生きている。第三次の「形而上学革命」はまだ先のことだ。そういう時代を生きる知性に与えられた課題は、洗礼者ヨハネのように、魂におけるヨルダン川のほとりに立って、きたるべきその革命がどのような構造を持つことになるかを、できるだけ正確に見通しておくことであろう。宗教は科学（野生の思考と呼ばれる科学）を抑圧することによって、人類の精神に新しい地平を開いた。その宗教を否定して、今日の科学は地上のヘゲモニーを獲得した。そうなると、第三次の「形而上学革命」がどのような構造を持つものになるか、およその見通しを持つことができる。それは、今日の科学に限界づけをもたらしている諸条件（生命科学の機械論的凡庸さ、分子生物学と熱力学の結合の不十分さ、量子力学的世界観の生活と思考の全領野への拡がりを阻んでいる西欧型資本主義の影響力など）を否定して、一神教の開いた地平を科学的思考によって変革することによってもたらされるであろう。

そこでこの一連の講義では、旧石器人類の思考から一神教の成り立ちまで、「超越的なもの」について、およそ人類の考え得たことの全領域を踏破してみることをめざして、神話からはじまってグローバリズムの神学的構造にいたるまで、いたって野放図な足取りで思考が展開された。したがってこのシリーズは「野放図な思考の散策」という意味をこめて、こう名づけられている。もちろんそこには *La Pensée Sauvage*（『野生の思考』）という書物とそれを書いた人物への、私自身の変わらぬ敬愛と憧憬がこめられていることはたしかである。私は七十年代までに展開された二十世紀知性の達成に対する深い尊敬と愛を、今も変わることなく抱き続けていて、そのノスタルジーが私を過去につなぎとめている。

＊　＊　＊

三巻目では、新しい贈与論の探求が試みられる。贈与を立脚点にすえることによって、経済学の全構造は変化をこうむることになる。これは、出来上がった日常言語ではなく、形成途上の幼児言語や詩的言語から出発する言語論が、言語学のすべての構造をひっくり返していくのと、よく似た事情である。

経済学の土台は交換におかれているが、この交換は贈与の内部から、それを食い破って出現してくるものである。しかしそうやって出現してきたあとも、交換は贈与との密接なつながりを失わないばかりか、贈与の原理なしには自分を存続させることすらできない。幼児期に形成される無意識が、その後の大人の精神生活の表面からは否定されているように見えて、実際には幼児的無意識にまったく支えられていない意識活動などというものは存在しえないのと、これまたよく似た事情である。神話的思考の探求をおこなってきた私たちが、このような方向に進んでいくのは、当然だったのかも知れない。

贈与を立脚点にすえて、経済学と社会学の全体系を書き直すという野心を、一九二〇年代のマルセル・モースがはじめて抱いた。彼が書いた『贈与論』は、経済も政治も倫理も美や善の意識をも包み込む「全体的社会事実」を深層で突き動かしているのが、合理的な経済活動を可能にする交換の原理ではなく、「たましい」の活動を巻きこみながら進められていく贈与の原理のうちにあることを発見することによって、この野心の実現にむけて、巨大な一歩を踏み出した。しかし、モースは最終的にそれに失敗してしまう。モースは贈与に対する返礼（反対給付）が義務とされることによって、贈与の環《サイクル》が実現されると考えたのだが、そのおかげで、贈与と交換の原理上の区別がなくなってしまったからである。

ところが私たちは、贈与の極限に純粋贈与という異質な原理が出現することを、見いだしたのである。いっさいの見返りを求めない贈与、記憶をもたない贈与、経済的サイクルとしての贈与の環《サイクル》を逸脱していく贈与、それを純粋贈与という創造的概念に鍛えあげることによって、私たちはモースが座礁した地点を跳躍台にして、彼の野心の実現に向かって、新しいジャンプを試みたのである。

すると興味深いことに、経済学で言われる「価値の増殖」にたいして、一貫した理解を示すことができるようになった。そればかりか、贈与を立脚点にすえることで見えてくる経済活動のトポロジーと、精神分析学の示す心のトポロジーとが、基本的に同型であることもあきらかになってくるのである。いわばモースとマルクスとラカンをひとつに結ぶ試みとも言えるこの探求をとおして私は、サン・シモン的なアソシエーション社会主義の信奉者であったモースと同じように、グローバル資本主義の彼方に出現すべき人類の社会形態についての、ひとつの明確な展望を手に入れたいと願ったのである。

それを実現していくためには、どうしてもモースの思考にマルクスと（ラカンによる）フロイトの思考を突入させる必要があった。社会学的思考に欠けているものがあるとすると、それはモノ（Ding）である。モノは贈与や交換や権力や知の円滑な流れをつくりだすすべての「環《サイクル》」に、いわば垂直方向から侵入して、サイクルを断ち切ったり、逸脱させたり、途方にくれさせたりすることで、「環」の外に別の実在が動いていることを、人々に実感させる力をもっているのである。

モースの贈与論に、このモノの次元に属する実在を導き入れる必要を力説したのは、「モース著作集への序文」を書いたレヴィ＝ストロースだった。彼はそれを「浮遊するシニフィアン」と呼んで、体系の内部を流通している記号や価値と区別しようとした。この「浮遊するシニフィアン」という概念こそ、マルクスが資本主義の生命力である剰余価値の発生の現場で取り抑えようとした、「資本の増殖」の秘密の核心に触れるものであり、またそれは精神分析学が「悦楽」の発生の問題としてとりだしてきたものと、同じ構造をもっていることに、私は気づいた。二〇世紀後半の旺盛な知的活動が、それぞれの領域で見いだしてきたこれら「モノの侵入によって変化をとげた概念」を、ひとつの全体性のうちにシンセサイズすることによって、私は今世紀の知が発達させるべき問題の領域の、ごく大雑把な見取り図を描きだそうと試みた。

もちろんこんなに野心的な構想を、大学の学部学生に向かってしゃべるのはあまりに申し訳ないと思ったので、今回に限っては、実際の講義では語りたいことをずっと単純化して、わかりやすい内容にしたものをしゃべることにした。そのために実際の講義に参加した方は、自分たちが耳で聞いたことと今度の本の内容がずいぶんちがっているような印象を受けるかも知れないが、そのとき私がほんとうに語りたかった本音のところが、この本の中で素直に告白されているのだと思って、恋人の打ち明け話を聞くようなつもりで読んで頂きたい。

今回も講義するのは楽しかった。自分が前に進んでいることを確認しながらおこなう作業は、どんなものでも楽しいものである。

中沢新一

謝辞

講義の記録とまとめの作業をしてくれたのは、学生の馬淵千夏さん、めんどうな編集の実務をおこなってくださったのは園部雅一さん、どうもありがとうございました。

カイエ・ソバージュ Ⅲ

愛と経済のロゴス　目次

はじめに　カイエ・ソバージュ（*Cahier Sauvage*）について――1

序　章　全体性の運動としての「愛」と「経済」――11

第一章　交換と贈与――31

第二章　純粋贈与する神――53

第三章　増殖の秘密――73

第四章　埋蔵金から聖杯へ――97

第五章　最後のコルヌコピア――123
第六章　マルクスの悦楽――143
第七章　聖霊と資本――171
終　章　荒廃国からの脱出――189
索　引――210

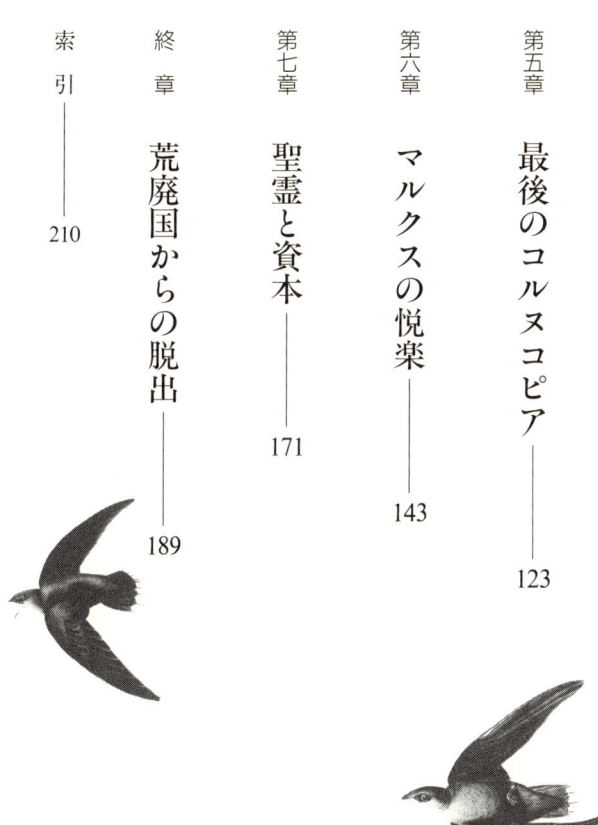

序章

全体性の運動としての「愛」と「経済」

欲望を通して「愛」と「経済」はつながっている

今学期のテーマが「愛と経済」だと聞いて、びっくりされた方もいらっしゃるでしょう。とりわけ「経済」ということばには、違和感をもたれることでしょう。「神話学入門」から始まったこの一連の講義では、動植物を主人公にした色とりどりの神話や、目に見えない超越的世界についての考え方や、現実的な損得勘定を抜きにした宗教的な思考などばかりを取り上げてきたものですから、いきなり合理性や現実性のかたまりのような経済が今度のテーマですと言われても、ひどく面食らってしまうでしょうからね。

しかし、この世界に純粋に合理的なものなどは、ひとつとして存在しません。科学ですらそうなのです。現代科学の基礎をかたちづくっているのは数学ですが、この数学の基礎を深く検討してみた結果、二〇世紀の前半にはすでに、それを完全に矛盾のない体系として構築することは不可能だという発見がおこなわれています。矛盾のない論理で、この世界を覆《おお》い尽くすことは不可能です。かならずそこからこぼれ落ちるものが出てくる、しかも無数に出てくるのです。

ましてや経済の現象を突き動かしているのは、人間の欲望です。この欲望というものは、人の心の内部に発生しますが、その心は奥深く暗い生命の動きと、論理的な機能をそなえた「ことば」とが出会う場所にかたちづくられます。欲望はそういう心の働きのうちでも、もっとも生命の動きに密接した深い層で活動しているものですから、とうていそれを合理的に理解することも、操作することもできないのです。

ですから、今日の生活の合理性の基礎をつくりだしているのが、経済であるように見えていても、それはまったく真実ではありません。経済現象のもつ合理性は、表面にあらわれた偽りの顔にすぎません。合理性をそなえたいちばん表面に近い層を、いわば表の顔として、経済は暗い生命の動きにまで奥深く根を下ろした、一つの「全体性」をそなえた現象なのです。そして、その全体性のうちの深層の部分で、私たちが「愛」と呼んでいるものと融合しあっています。なぜなら愛もまた、欲望の動きをとおして、わたしたちの世界にあらわれてくるものだからです。

経済のことを経済学の目だけで見ていても、おそらくはこの全体性に到達することはできないでしょう。世の中で「経済学」と呼ばれているものは、経済という全体性の運動の表面に近い部分しか、まだ解明できていないように思われます。しかしそれでも「愛」を直接の対象とした学問など、精神分析学以外にはまだ存在したこともありませんが、以前より状況はずっとましだとも言えます。

私たちは今学期の講義を通じて、「愛」と「経済」がひとつに融合しているこの全体性の運動をとらえる、いまだ未知に属する学問の入り口を探し出す試みに、取りかかってみようと考えています。その入り口は厚い草むらに覆われていて、なかなか発見するのも困難ですが、ラスコーの洞窟や死海文書を発見した子供たちと同じような、好奇心にみちた純真な心をもっていれば、ひょっとした拍子に目の前に、それまで人の目から隠されていた入り口があらわれるかも知れません。経済の原理が圧倒的な支配力をふるう現代世界の行き詰まった状況から抜け出すには、認識によるこういう方法しかなかろうと、いまの私には思えるのです。

ロゴス＝世界を全体として捉える力

今学期の講義は、そんなわけで「愛と経済のロゴス」と名付けることにします。「ロゴス」ということばのいちばん古い語義に立ち戻って、そう呼ぼうと思うのです。このことばは、現在の使用法とは違って、ものごとを根本のところでとりまとめる能力、ということをあらわそうとしています。この世界をかたちづくっているさまざまなものが、バラバラになってしまって、支離滅裂になってしまうことを防いで、全体としてのまとまりをもつように働いている力を、そう呼ぼうと思うのです。

ですから、このタイトルは、「愛」と「経済」を一つの全体にとりまとめる力であるロゴスが働いている、という認識をあらわしていることになります。いまおこなわれている学問のほとんどは、「経済学」とか「社会学」とかに分かれていますが、それらすべてをとりまとめている力を問題にしようとするときには、こういう学問の区画づけはわずらわしい障害となってきます。

とくに愛には、それ専門の学問と言えば「精神分析学」があるだけで、それでさえなんとなく愛についてては、あいまいな態度を取ることが多いのです。私たちはそこでみずから、経済学や社会学や精神分析学を横断してそれらをひとつにつないでいく流動的知性となって、こういう現状を積極的に覆していきたいと考えます。

それにしても、「愛」と「経済」くらい結びつけにくいものもないんじゃあないでしょうか。二つはたがいに反対方向を向き合っているとみなされることも多いですからね。しかし、そこが人間という生物の不思議なところで、この二つは反対を向いているどころか、同じ両親から生まれた双子なのです。「経済」の発達のせいで、「愛」の実現ということが困難になっているのは事実です。そのことの本当の理由を知るためには、「愛」と「経済」が反発しあうものと最初から決めてかかるのではなく、どうして兄弟の離反は発生するのか、その根本原因をつきとめてみなければならないでしょう。そういうわけで、私たちはこれから「ロゴス」の探求に向かおうとしています。

『小僧の神様』と三つの主要な指標

「愛」と「経済」をひとつに包み込む現代の学問はまだない、と私は言いましたが、それでも文学だけは持ち前の直観力によって、古くからこの問題に取り組んできました。そういう文学作品の中から、今日は一編の小説を取り上げて、それに少し立ち入った検討を加えてみることにしましょう。志《し》賀《が》直哉《なおや》の『小僧の神様』という有名な作品がそれです。この作品が選ばれた理由は、あとになるともっとはっきりしてくるでしょうが、いまはその作品が、私たちが今学期の講義で展開しようとしている「交換」と「贈与」と「純粋贈与」という、全体性としての経済のはらむ三つの主要な指標を、申し分ないかたちで明確に示しているからだ、とだけ言っておきましょう。

『小僧の神様』（一九二〇年）という作品を、志賀直哉はじっさいに目撃したある小さな光景から着想しています。作家がその頃はやっていた屋台のすし屋に居ると、意を決した風にして入ってきた商家の小僧（少年の使用人）が、一度つまんだすしを、主人に値段を言われてまた棚に戻して、そのまま店を出て行ってしまいました。その場に居合わせた作家は想像力を刺激されて、ただちにつぎのような物語を紡《つむ》ぎ出したのでした。

秤屋《はかりや》に奉公する小僧の仙吉は、先輩たちが話題にしている新しくできた流行の屋台のすし屋に、ひどく心をひかれていました。先輩たちの話題の仕方が、たいへんに大人びて感じられたのと、それほどにうまいと言われるすしが、どれほどうまいものなのか味わってみたいという気持ちが入り交じって、好奇心をかき立てられていました。

そんなある日、使いに出た仙吉は、その噂のすし屋の前を通りかかります。ふところには四銭しかありませんでしたが、なにかの魔力に動かされるように、彼はふらふらとすし屋のほうに吸い寄せられていったのです。

ちょうどそのとき、すし屋には若い貴族院議員Aがいて、順番待ちをして屋台の中に立っていました。彼は議員仲間から、握ったそばから食べさせる屋台のすしの醍醐味《だいごみ》を聞かされて、一度そういう通《つう》を体験したいと思って、たまたまそこに居合わせていたのです。

すし屋に入ってきた小僧は、Ａをかき分けるようにして前に進み出て、まずのり巻きを注文しますが、今日はできないよと言われると、「少し思い切った調子で、こんな事は初めてじゃないというように、勢いよく手を延ばし、三つほど並んでいる鮪《まぐろ》のすしの一つをつまんだ」のです。勢いよく手を延ばしたわりには、手を引くときにはなぜかおどおどしている様子を、Ａは鋭く観察していました。店の主人はそこですかさず「一つ六銭だよ」と言いますと、小僧は黙って一度手にとったすしを、また台の上に戻して、のれんの外に出て行ってしまいました。

Ａにはこの光景がよほど印象的だったと見えて、そのことをよく覚えていました。ある日秤を買おうと店に入った彼は、そこに仙吉を見つけます。なんとかこの子に腹一杯すしを食べさせてやりたい。そう思った彼は、番頭には嘘の住所氏名を書いて手渡して、仙吉に買ったばかりの秤を途中まで運んでほしいと頼みました。秤を途中の運送屋にあずけてしまうと、仙吉に向かってなにかごちそうしてあげるからついておいで、と言うのでした。

仙吉を外に待たせて、Ａは知り合いのすし屋に入るとお金をたっぷり渡して、あの小僧さんに好きなだけすしを食べさせてやってくれと頼むと、なにか悪いことでもしているかのように、その場から逃げ去ってしまうのです。あとに残された仙吉は、心ゆくまですしを堪能《たんのう》しましたが、この謎のような出来事に狐につままれたような心地でした。

秤屋の小僧仙吉と貴族院議員A（太田大八画）

神様の煩悶

さてその場から逃げ出すように去って行ったAの心は、激しく波立っていました。どんよりと重苦しい気持ちが張り付いて、離れないのです。その気持ちを、志賀直哉はこう書いています。

Aは変に寂しい気がした。自分は先の日小僧の気の毒な様子を見て、心から同情した。そして、できる事なら、こうもしてやりたいと考えていた事をきょうは偶然の機会から遂行できたのである。小僧も満足し、自分も満足していいはずだ。人を喜ばす事は悪い事ではない。自分は当然、ある喜びを感じていいわけだ。ところが、どうだろう、この変に寂しい、いやな気持ちは。なぜだろう。なにから来るのだろう。ちょうどそれは人知れず悪い事をしたあとの気持ちに似通っている。

もしかしたら、自分のした事が善事だという変な意識があって、それをほんとうの心から批判され、裏切られ、あざけられているのが、こうした寂しい感じで感ぜられるのかしら？　もう少しした事を小さく、気楽に考えていればなんでもないのかもしれない。自分は知らず知らずこだわっているのだ。しかしとにかく恥ずべき事を行ったというのではない。少なくとも不快な感じで残らなくてもよさそうなものだ、と彼は考えた。

いっぽうの仙吉も考えこんでいました。あの客はいったい誰なのだろう、と。あの客は自分が先輩たちの話を立ち聞きして、屋台のすし屋のことに関心をもっていたことも、そのすし屋に出かけて恥をかいたことも、なにもかも知っていて、その上で自分に同情して、あんなに気前よくご馳走をふるまってくれたように思えてならなかったのです。「到底《とうてい》それは人間わざではないと考えた。神様かもしれない。それでなければ仙人だ。もしかしたらお稲荷様《いなり》かもしれない、と考えた」。ずいぶんハイカラなお稲荷様だとも思いましたが、それにしても、なにか「超自然的なもの」が自分を見守ってくれているという確信は、仙吉の中でどんどん強くなっていったのです。

いっぽうのAが、例のすし屋に出かけることさえできなくなってしまっているときに、小僧のほうは自分のことを見守っている超自然的な「あの客」を思って、励みとも慰めともしていました。「彼はいつかは『あの客』が思わぬ恵みを持って自分の前に現れて来ることを信じて」いたのでした。

全体性の経済学へ

この小説の結末に、作家はつぎのようなことばを書き加えています。

作者はここで筆をおく事にする。実は小僧が「あの客」の本体を確かめたい要求から、番頭に番地と名前を教えてもらってそこを尋ねて行く事を書こうと思った。小僧はそこへ行ってみた。ところが、その番地には人の住まいがなくて、小さい稲荷の祠《ほこら》があった。小僧はびっくりした。——とこういうふうに書こうと思った。しかしそう書く事は小僧に対し少し残酷な気がして来た。それゆえ作者は前のところで擱筆《かくひつ》することにした。

この小説は単純なようでいて、とても深遠な内容をもっています。とりわけここには、近代社会の中でおこなわれる「贈与」の難しさ、不可能性などが、さらりとした筆致《ひっち》で書き尽くされています。「神様」という表現もでてきます。それを文学批評のように隠喩かなにかとして理解することもできるでしょうが、実際にはそうではなく、経済の事実をまるごと包み込んだ「神の概念」というものの、根っこの部分に触れているとさえ、感じることができます。「神様」をめぐる神学的思考と「お金」をめぐる経済学的思考が、深いところでひとつにつながりあっていることを私たちはあとで見ることになるでしょうが、そのときになればいま言われていることが、けっして大げさな話でなかったことがわかると思います。

そのためこの作品が表現しているものを完全に理解するためには、私たちは経済学や哲学や人類学の思考などを総動員しなくてはなりません。しかも通り一遍な経済学ではだめで、経済学的な事実を人間性の示す広大な領域につなげていくことのできる思考が必要です。

つまり私たちは、出発点に立ったときからすでに、一挙に拡大された「全体性の経済学」が必要になるのです。この小説が、経済の事実は近代世界においてさえ、つねに「神様」の問題を突きつけてくることを、教えているからです。

「交換」「贈与」「純粋贈与」

この小説には、人がモノを媒介にしておたがいの間に関係をつくりあげる、三つの様式が登場しています。この三つの様式は、私たちが経済という全体性の現象を理解するときに必要な指標ともなっているもので、それはそれぞれ「交換」「贈与」「純粋贈与」の三つです。

私たちすべてがそうであるように、この小説の登場人物の全員が、近代的な形態の「経済」の世界に巻き込まれています。そこを支配しているのは「交換」の原理です。すし屋が価格を六銭に設定したすしを食べるには、お客は対価の六銭を払わなければなりません。商品に等価なお金を払わなければ、そこに交換は発生できません。

このような交換の原理は、冷徹に社会のすべての領域で作動しています。ある価値をもった商品を自分の手に入れるためには、その商品と等価の価値を貨幣の形でもっていなければなりません。そこでは等価交換というハードルが、いたるところに設置されていて、小僧の仙吉はそれを越えられなかったために、いったん手にしたすしを置いて、外に出て行かなければなりませんでした。

ところが、この様子を見ていた作者の分身でもある貴族院議員Aは、小僧の身の上をあわれに思い、なんの見返りもない「贈与」をしてやりたいと思うのです。交換が設定した冷徹なハードルを越えられず、交換の輪からはじき出されてしまった小僧を、別のもっと大きな輪である「贈与の輪」の中に導き入れることによって、あわれな小僧に喜びを与えたいと願ったAは、たくみにそれを実行します。慎重に自分の素性《すじよう》を悟られないようにして（自分のことが同一化されて、感謝されるような事態を避けたかったからでしょう）、念願のすしを小僧がたらふく食べられる状況をスマートにつくってやって、自分はそっと消えていこうとしたのです。

ところがそこからAの煩悶《はんもん》がはじまります。彼は自分のしたことに対して見返りの返礼ということがおこらない状況をみごとにつくって、彼の「贈与」を実現しました。これはみごととしか言いようのないスマートに都会的なやり方で、だいいち小僧は親切な「お客」の素性もまったく知りようがないのですから、お礼ひとつお返しすることができません。これはまったく神のみがおこなうことができると言われる「純粋贈与」に限りなく近いやり方です。ところがそのことが、かえってAを苦しませるのです。

神でもない人間が見返りをまったく求めない純粋贈与の「まねごと」をおこなう場合、それはしばしば「善行」のレッテルを張られて、他人の賞賛を受けることになります。Aの心の内には「お前は他人から賞賛されたくて、その贈与の行為をおこなったのではないか」とか、「神や仏の前で善行を積むために、それをしたのではないかい」という良心の声が聞こえてくるようになり、その声に苦しめられるようになってしまったのです。

彼は妻に訴えます。「おれのような気の小さい人間は全く軽々しくそんな事をするものじゃあ、ないよ」。見返りを期待しない贈与は、交換においてはけっして発生しえない、このような重い感情を人間にひきおこすことがあるのです。

いっぽう同じ状況が小僧には別のふうに見えています。不思議な体験をとおして彼は、なにかの実在が自分の運命を観察していて、自分に同情し、困っているときには思いもかけない恵みを与えて助けてくれるにちがいないという、奇妙な確信を彼は抱くようになりました。素性の知れない「ある客」のした見返りを求めない贈与の行為は、神と人間との間にのみ発生しうる純粋贈与と勘違いされて、まさに「小僧の神様」とされるのですが、このような事態こそ、貴族院議員Aの怖れていた事態ではなかったのでしょうか。

内面の良心からは善行に対する賞賛を期待しているのではないかと責められ（つまり、ちっとも純粋贈与なんかじゃない、と批判されているわけです）、小僧の思考は自分を神の位置につけかねない。まったく神ならぬ人間などが、軽々しく見返りの発生しない贈与などを試みるものではありません。ましてや気の弱い人間が手を出していい行為ではありません。

しかしそれなら小僧からいずれ見返りの返礼を受け取って「贈与の輪」を閉じることのできるようなやり方で、Aは仙吉にすしをおごってやればよかったのかと言いますと、それでは理想家肌の彼を満足させることはできなかったでしょう。なぜなら物質的な贈り物を人に与え、その相手からまた物質的な返礼をもらったのでは、それはたんに遅延された交換にすぎないように思われるからです。Aは交換と純粋贈与の間で引き裂かれ、いわば宙ぶらりんの状態で苦しんでいるのです。苦しみや矛盾の発生することのない贈与というものは、存在できるのでしょうか。できるとしたら、どんな形態をとればいいのでしょうか。

贈与に潜む難問と『贋金』

近代資本主義は社会の全域に交換の原理を行き渡らせることによって、人間関係の合理化を進めようとしてきました。そのことから生まれる社会的矛盾が、Aの小僧に対する同情を生んでいます。そして同情はつい何気なく贈与の原理を引き寄せたのですが、かえってそのことで底知れぬ難問が発生してしまったわけです。そのことは、つぎのようなボードレールの作品を読めば、一層鮮明になってくるでしょう。

私たちが煙草屋の店から立ちさると、友人は貨幣を丹念によりわけた。チョッキの左側のポケットに、彼は小さな銀貨をすべりこませた。右のポケットには小さな銀貨、ズボンの左側のポケットには一塊りの大きな銅貨を、そして最後に、右側のポケットには特別によく調べまわした一枚の二フランの銀貨を。

《風変わりなこまかい分けかただな!》、私は心のなかでそう思った。

私たちはひとりの乞食に出会ったが、乞食は慄えながら帽子を私たちのほうへ差しだした。

――その哀願する眼、それを読み取る術を知っている敏感な人間にとっては多量の卑屈さと多量の非難とを、同時にふくんでいるその眼の無言の雄弁さほど、ひとの心に不安を誘うものを私はなにひとつ知らない。敏感な人間は、鞭で打たれる犬どもの哀れっぽい眼のなかにも、この複雑な感情の深さに近いものを見つけだすのである。

友人の施しは私のそれよりもずっと額が大きかったので、私は彼に言った。――「あなたは正しい。ひとから驚かされる喜びのつぎには、ひとに驚きをあたえる喜びほど大きなものはありませんよ」。――「あれは贋金《にせがね》でした」と友人は落ち着いて答えた、あたかも自分の浪費は正当だと弁明するかのように。

けれども、いつも十四時に正午を探すのに懸命になっている私のやくざな脳髄のなかに(なんと骨の折れる能力を自然は私に贈ってくれたことか!)、突如としてこんな考えがはいりこんだ。私の友人の行なうこんな行為は、あの哀れな男の生活にひとつ事件を起こしてやりたいという欲望を楯にとることによって、おそらくはまたさらに、ひとりの乞食の手中にある贋貨幣が生みだすかもしれぬ不幸なもの、そうでないもの等々をとりまぜて、種々さまざまな結末を知りたいという欲望を楯にとることによって、はじめて申しひらきが立つのだという考えが。贋貨幣が本物の貨幣となり、数もふえることはあり得ないであろうか? 贋貨幣のせいで彼が牢獄にいれられることはあり得ないであろうか? たとえば居酒屋の主人やパン屋の主人が、贋金つくりとして、あるいは贋金つかいとして、彼を逮捕させようとするかもしれない。それとまったく同じく、その贋金があるちゃちな相場師にとって、数日間の富の芽となることもあるかもしれない。そんなふうにして、私の空想は友人の精神に翼を貸し、立て得るかぎりのあらゆる仮定から可能なかぎりのすべての帰結をひきだしながら、奔放にひろがっていった。

しかし、友人のほうは私自身の言葉をまた繰りかえして、私の夢想をだしぬけに中断してしまった。「そうだとも、あなたは正しい。相手が期待している以上のものをあたえて、ひとりの人間を驚かすことほど楽しい喜びはありませんな」

私は友人をまじまじと見つめ、彼の眼が明々白々たる無邪気さでかがやいているのを見て、愕《がく》然《ぜん》となった。そのとき、彼が慈善を施すと同時に割のいい取引をしたいと思ったのだということを、私ははっきり分った。四十スウと神の御心を同時にせしめよう、経済的に天国を手にいれよう、慈善心に厚い人間という称号をただでつかみとろうと思ったのだということを。私がいましがた彼にはその能力ありと推定したような、ああいう犯罪的な喜びにたいする欲望ならば、私は彼を許してやったであろう。彼が貧しい人間を危険にさらして楽しんでいるのを、珍しいこと、風変わりなことと思ったであろう。しかし、彼の計算の愚かしさは絶対に許さないであろう。悪意があるというのは決して申しひらきの立たないことであるが、しかし自分は悪意があるのだと知ることには、いささかの利点はある。そして、悪徳のうちでももっとも償《つぐな》いがたいのは、愚かさから悪をなすことなのである。

（C・ボードレール、菅野昭正訳、「贋金」『パリの憂鬱』、『世界の文学新集・8』中央公論社）

『贋金』は『小僧の神様』の反転像である

作者の友人がポケット中に小分けに分類しているコインは、交換の原理を象徴していますが、その中から一枚の高額コインを選んで、彼はこれを物乞いの男に与えます。つまり彼は贈与をおこなったのです。しかもそれには返礼は求められていませんから、その友人はいわば善行をほどこすことによって、「天に宝を積む」行為をおこなったかのように見え、作者の批判的精神をかき立てたのです。ところがその気持ちを察知したかのように、友人はあっさり言ってのけるのでした。「なにあれは贋金さ」。

おそらく高額コインを手にした物乞いは、大喜びでそれで商品を買おうとするでしょう。つまり物乞いという贈与的行為から転じて、交換の原理の場所に入る権利を手に入れたわけです。しかし彼が店の人にそのコインを手渡したとたん、物乞いは「交換の輪」の外にはじき出される運命にあります。贋金を使ったために、彼は社会的権利すら失うことになるでしょうから、かの友人はとてつもなく恐ろしい贈与を、物乞いに向かって与えたことになります。

『小僧の神様』と『贋金』は、鏡の反転像のようにおたがいを映しあいながら、近代社会の中で贈与がこうむっている極度に不安定な立場を、みごとに表現しています。そしてそのいずれの作品も、交換の体系の外に出て行くことには危険がつきまとい、いつしかそれはかつて「神様の領域」と呼ばれていた場所に、知らず知らずに接近していってしまうことを、はっきり知っているようです。その点では、お稲荷様の狐の神様も、キリスト教の神様も、同じ立場に立たされているように見えます。

経済の時代の彼方に出現するもの

ここにはすでに、経済的事実というものが、ひとつの大きな全体性をなしている様子が、はっきりと示されています。商品経済を支えているのは交換の原理ですが、この交換の原理はまるで肌を接するようにして贈与の原理につながっていき、その贈与の極限には神の領域に属する純粋贈与の原理があらわれてきます――贈与の原理は交換にとっての無意識のように、たえず交換の体系につきまとっているし、贈与をめぐる思考はただちに純粋贈与をめぐる宗教的思考を、自分の中から生み出してしまうのです。

交換を合理的な表音文字とすると、贈与はエジプトの神秘的なヒエログリフのような表意文字に相当し、純粋贈与は意味されるものをもたない純粋なシニフィアンの活動として、神の領域に触れているようにも感じられます。経済に合理性のあることはたしかです。しかし、その合理性の通用する表面の部分を支えているのは、贈与や純粋贈与のような不確定性をはらんだ活動を動かしている、人間精神のぶ厚い地層なのです。こうしてみれば、神話学の探求に続いて経済の問題が取り上げられる理由も、納得がいくのではないでしょうか。神話的思考を動かしていたのと同じ人類の脳が、経済の現象をも突き動かしているのです。

ですから神話や宗教や哲学の研究をおこなっている者が、経済の領域にまで越境してその思索を続行する権利はおおいにある、と言っていいでしょう。今日ではこの経済が、人間の生き方に圧倒的な影響力と支配力をふるっていますが、そういう時代にもかげりが見えはじめています。グローバル経済の一元的な原理が、世界中を覆い尽くそうとしているまさにそのときに、贈与とボランティアの重要性が再認識され、新しい「贈与の哲学」の構想を求めはじめています。経済の時代の彼方になにが出現してくるのかを予見するためにも、私たちがこの講義で取り組んでみようとしている探求は、必要で不可欠なものとなるでしょう。

第一章

交換と贈与

全体性としての経済

『小僧の神様』と『贋金』という二つのテキストは、私たちに経済という現象を一つの全体性として理解しなければならないことを、教えてくれます。面白いことにどちらのテキストも、経済という全体的現象が三つの異なった体制《システム》のからみあった構造としてできていることを、小説家や詩人らしい直観で、描き出しています。それは、「交換」と「贈与」と「純粋贈与」という、三つの組み合わせとして動いているらしいのです。

この三つは離ればなれになったりしないように、しっかりと相互に結びついて、経済の働きをおこなっています。人と人との間に、モノを媒介にしたつながりができるためには、まず贈与の体制が動きださなくてはなりません。贈与は、これから詳しく調べていきますように、人と人との間に感情的・人格的なつながりをつくりだす力をもっています。おそらくはこの贈与というのが、コミュニケーションの形態としての経済というものの、もっとも原初的なレベルをかたちづくっているのだと思います。

交換はこの贈与という基礎の上に立って、贈与を否定したり、別の組織につくりなおしたりすることからつくりだされます。したがってその発生は、贈与のあとから、贈与を土台としておこなわれます。交換では、贈与に比べて人と人との間を動くモノの移動が、すみやかにおこなわれるようになり、贈与では不確定性を抱え込んで進行していたものが、交換では計算したり比較したりするのがスムーズに、しかも確定的におこなわれるようになります。ここからはいずれ「貨幣」というものが生まれてくることになるでしょう。

純粋贈与は、交換や贈与とは異質なレベルの出来事にかかわっています。それは正確なことを言いますと、交換や贈与のような「体制＝システム」をつくりません。現実のモノの動きを観察していても、人の行動の表面を観察していても、いっこうに「純粋贈与」の実体などというものは、見えてきません。しかし、それはたしかに実在して、経済という全体性のすべてを動かしている力なのです。カントの「もの自体」とかラカンの「現実界」などの概念が、これに近いものです。それを直接に観察することはできませんが、贈与もそれから発達した交換も、この純粋贈与を仲立ちにしなければ、少しも動くことができないのですから、これはたしかに「神」という言葉があらわそうとしているものと、深い関係があります。それがどういう働きをするものなのかは、これから詳しく調べていくことにしましょう。

「ボロメオの結び目」

経済という全体性においては、贈与と交換と純粋贈与という三つの「体制」が、しっかりと一つに結びあって、たがいに分離しないようになっています。その様子は、つぎのような図としてあらわしてみることができます。

精神分析学に興味をおもちの方は、この図が心の構造を示すジャック・ラカンのいわゆる「ボロメオの結び目」と呼ばれているものと、よく似ていることにお気づきだと思います。不思議なことに、全体性としての経済を一つのトポロジーとしてとらえようとしてみますと、心の構造をあらわすトポロジーと、まったく同じ構造を示すようになります。

この講義の目的の一つは、その理由をあきらかにしてみることにありますが、それはおそらく二一世紀の人間科学にとって決定的な重要性をもつものとなるだろうと、私には思われるのです。

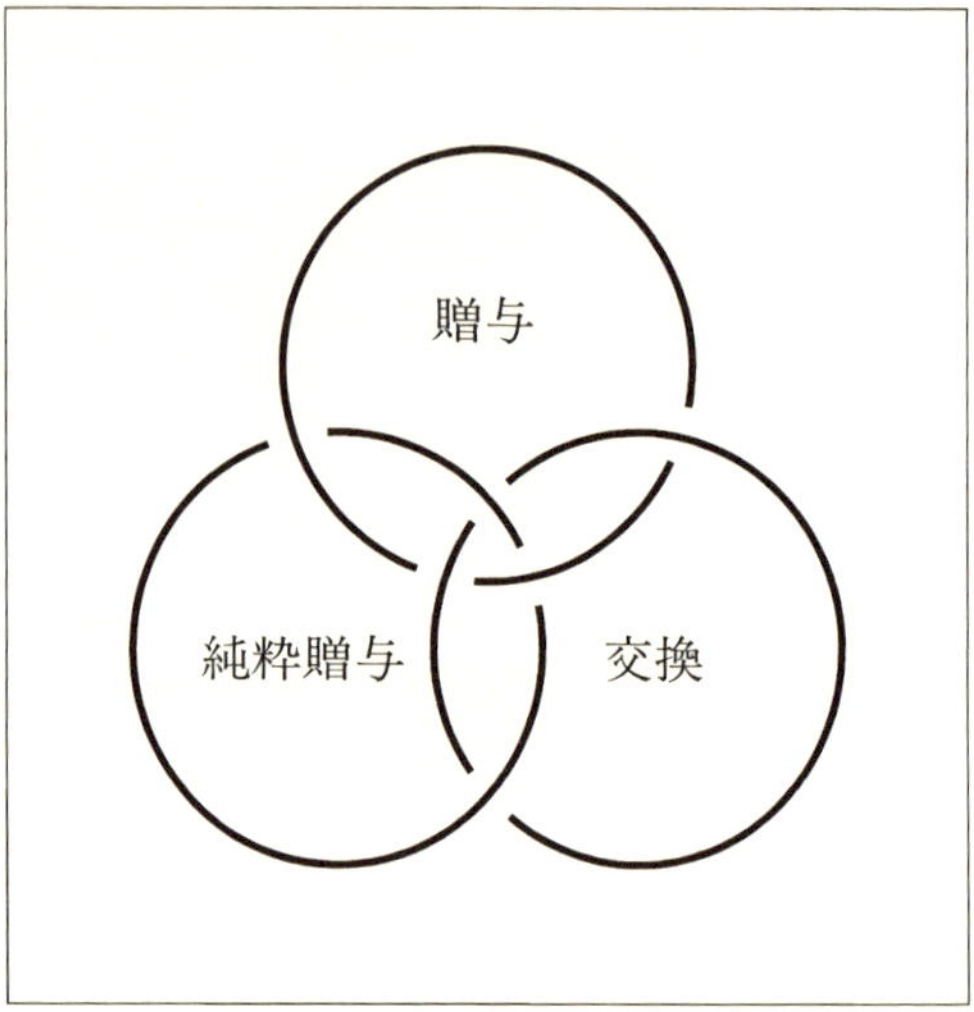

この図は、話が進んでいくにつれて、どんどん複雑な要素を抱え込むようになるでしょうが、最後まで基本的な構造は崩しません。さて、この図が具体的にはなにをあらわしているのか、これからじっくりとお話していくことにしましょう。

交換の原理

贈与と交換からはじめることにしましょう。私たちの生きている資本主義社会は、おびただしい数と量の商品の売買からなりたっています。商品は売り手の手を離れて、買い手の手に移ると、すぐにその代価が支払われなくてはならないことになっています。これは私たちがいろいろなタイプのストアで、日々体験していることです。支払いを引き延ばすことも可能ですが、その場合でも、最終的にはきちんと商品の価値に相当する対価が支払われることになるでしょう。

この社会では、等価交換ということが原則になっています。商品の価格は、材料費や人件費や宣伝費などから計算された価値に基づいて、決定されます。多少の上下の幅はありますが、原則は等価交換が原則となっています。つまり、商品社会を支配しているのは、「交換の原理」で、これはつぎのような特徴をもっていると考えられます。

（1）商品はモノである。つまり、そこにはそれをつくった人や前に所有していた人の人格や感情などは、含まれていないのが原則である。

（2）ほぼ同じ価値をもつとみなされるモノ同士が、交換される。商品の売り手は、自分が相手に手渡したモノの価値を承知していて、それを買った人から相当な価値がこちらに戻ってくることを、当然のこととしている。

（3）モノの価値は確定的であろうとつとめている。その価値は計算可能なものに設定されているのでなければならない。

だいたいこのような簡単な原則に基づいて、いたるところで商品の売買という形をとる交換がおこなわれています。流通をスムーズに進めるために、ここには貨幣が利用されるようになるでしょう。違うモノとモノとの間に、貨幣を通じて価値の共通尺度がつくられると、確定性を求める交換の原理はいっそう確実な基礎を得るようになり、なんにでもこの尺度を押しつけて、貨幣価値でモノの価値を決めようとする傾向が進みます。そうなると芸術作品のようなものにまで、値段がつくことになります。

贈与――交換とは違う原理

ところが、私たちの日々の経験の中には、このような交換の原理によって扱うことのできない、広大な領域がまだ残されています。人と人とが人格の結びつきを実現しようとしている現場では、交換とは違う原理が働きだそうとしているからです。人格が結びつくために、モノが相手に手渡されることもあるでしょうが、そのときにも交換とは違う原理が働きます。この場合は、商品としてのモノ

（貨幣もそういう商品の一種だと考えることができます）が交換されるのではなく、たんなるモノではない「贈り物」が相手に贈られているので、ここに働いている原理を贈与（gift, gibt, don）と呼ぶことができるでしょう。

親しい友人に心をこめた贈り物がおこなわれるときのことを、考えてみましょう。デパートなどで買った商品を贈り物にする場合でも、私たちは注意深く値段を表示したタッグを外してから、きれいに包装しなおして、商品としての痕跡をできるだけ消去しておこうとします。これは交換の原理の支配下にはないものです、という信号を発しているわけですね。

それに贈り物の価値は、できるだけ不確定にしておく必要があります。自分でも言わないし、贈り物をもらった相手も、それを尋ねたりしないのがエチケットです。不確定だけれど、何かの意味が相手に手渡されているということが大切なのであって、贈与ではたとえモノを媒介にして人と人との間につながりが発生しているときにも、モノにこめられている意味や感情が、モノに乗って相手に伝わっていくことのほうが大事だと言わんばかりにして、事が運ばれます。

そして贈り物にはお返しがつきものですが、この場合にも交換のケースとはまったく違う原理が作動します。贈り物をもらって、それに即座にお返しをするのは失礼なことですし、また同じ価値をもったモノを返礼にすることはできません。

贈り物をいただいてしばらく時間がたってから、おもむろに返礼はなされなければなりません。交換の場合ですと、商品とその対価はできるだけ間をおかずに交換されなければなりませんが、贈与では、返礼が長い時間間隔をおいてから返ってきたほうが、友情や信頼が持続していることの証拠として、むしろ礼儀正しいことだと感じられるのです。

同じ価値をもったモノを返すと、そこで問題になっているのがモノに内在する交換価値のように思われるので、贈与では好ましいことではないと思われています。ですからたとえもらったモノの値段がわかっているときにも、わざとそれと同じ値段のモノははずして、それよりも少し高いモノを返礼に贈ったりします。しかしあまり高すぎるお返しは、かえって失礼です。できるかぎり両者の間に対称的な関係が保たれているように、でも全体としてみるとおたがいの間を流通している価値が増えていっているように、デリケートな配慮が必要だと考えられてきました。いきすぎを警戒しながら、贈与の行為をとおして、なにかが増殖していくという感覚を共有したいのでしょうね。

贈与の三つの特徴

以上のことから、何が見えてくるでしょう。

（1）贈り物はモノではない。モノを媒介にして、人と人との間を人格的ななにかが移動しているようである。

（2）相互信頼の気持ちを表現するかのように、お返しは適当な間隔をおいておこなわれなければならない。

（3）モノを媒介にして、不確定で決定不能な価値が動いている。そこに交換価値の思考が入り込んでくるのを、デリケートに排除することによって、贈与ははじめて可能になる。価値をつけられないもの（神仏からいただいたもの、めったに行けない外国のおみやげなどは最高である）、あまりに独特すぎて他と比較できないもの（自分の母親が身につけていた指輪を、恋人に贈る場合）などが、贈り物としては最高のジャンルに属する。

中間的対象・去勢・マルクス

交換と贈与は、モノが人と人の間を移動していくという点からすれば、とてもよく似ているのですが、目的とするところは正反対を向いているように見えます。

贈与にあっては、贈り物はモノ＝対象として、贈り手の人格から分離されていません。それは一種の中間的対象なのです。精神分析学で「中間的対象」ということが言われるときには、ついさっきまで自分の体内に入っていたのに、排泄《はいせつ》されたとたんにもう自分から分離されたただのモノとして扱われることを運命づけられた大便などの類似物のことが、思い浮かべられています。幼い子供はそれに自分の人格の一部を見いだして、いつまでも執着するものですが、贈与にもそれに似たところがある、と私は言いたいのです。

人格から分離されきっていない中間的対象を相手のもとに届けることで、愛や信頼が届けられることを、贈与は期待しています。愛の流動を媒介するモノは、必然的に中間的対象としての性格をおびることになるでしょう。

ところが交換では、モノと人格の分離は徹底的におこなわれます。それは境界があいまいな中間的対象ではなく、個体としての輪郭が明確で、価値尺度をあてがうことによって、明確な価値が計算もできる分離対象となっているものが、交換の場には出てこなくてはなりません。精神分析学では、このような状況を「去勢」と呼んでいます。母親と一体の関係を享楽していた子供を、母親のもとから引き離して、個体としてのしっかりした輪郭をあたえるのが去勢ですが、この考えは経済の領域にも適用できるように思われます。すなわち、贈与を去勢したところに、交換が出現するのです。逆に言えば、交換の原理が支配的な社会で、それを支える去勢のメカニズムを局所的にくつがえしながら、現代の贈与は実践されているわけです。

バレンタインデーに備えて、女の子たちがチョコレートを購入しています。ショップの店員は代金と交換に品物を彼女に手渡しますが、そこにはなんの人格的関係も発生しません。そのチョコレートを、女の子は意中の男の子に贈ります。そのときにはチョコレートのお菓子としての価値は二の次で、儀式的な象徴物にこめられた彼女の人格の一部のほうが重要なのです。

資本主義社会の本質を、マルクスは「巨大な商品の集積としてつくられている社会」だと言いました。その言葉は、社会の全域にわたって交換の原理が貫徹されているという意味なのでしょうが、そんな社会でもクリスマスやお中元やお歳暮やバレンタインデーがやってくると、まるで古代の亡霊が甦《よみがえ》ってきたようにして、贈与の原理が活発に働きだし、それがかえって商品社会を活気づけるという、奇妙なねじれ現象がおこっています。つまりここでも、交換の原理だけで資本主義は動いているのではなく、「ボロメオの結び目」状をした全体構造が、それを動かしているのではないでしょうか。

しかし、資本主義という経済システムが発達する以前の世界では、事情はまったく逆でした。人々はそこでは交換の原理によらず、むしろ贈与の原理にしたがって、人間関係の重要な局面を動かしていたのでした。

市場と神様

贈与は間に長いスパンをおいても、返礼（「反対給付」）を求めようとします。しかも、このお返しは等価交換ではありませんから、同じ価値は戻ってこないという形でおこなわれます。昔の社会は、贈与を中心に組織化されていました。そのために、どんなモノにも人格の一部が付着していましたから、そこから人格を分離して、単なるモノにするために、いろいろな工夫が必要でした。

私たちは全身を商品世界にひたして生きていますから、商品をごくあたりまえのものとして扱っています。ところがこの商品というものが生まれるために、人間は大変な戦いをしなければならなかったのですよ。そのために戦争もおこなわれましたし、革命も必要でした。それくらい大きな問題を商品の発生はふくんでいました。では、モノと結びついた人格を削り取り、分離するためにはどんなやり方が可能だったのでしょうか。

まず、最初のステップとして、市場《いちば》がつくられました。これはたいがいなにかの聖地の近くにつくられたようで、つまり神様や仏様の支配する空間の中で、これから市場というものが開かれる、と人々は意識したわけです。どうしてそういう場所に市場がつくられることが多かったかと言うと、神仏の支配するそういう空間にいったん持ち込まれたものは、もとの所有者の人格との結合を取り去られて、人間社会を超越した神仏の所有物になる、という考えがあったからです。

市場へ人がこれから商品として売ろうというモノをもってきて、この市場の空間に入り込んだ瞬間から、モノは人格との結びつきを離れてしまいます。おまけにそこでは抽象的な超越の原理が支配しています。モノから人格性や具体性がはぎ取られて、抽象的な価値としての扱いが可能になってくるでしょう。そうすると、それを簡単に貨幣の額に換算することもできるようになります。こうして市場に持ち込まれたモノは、神仏の支配する空間の中でお金に換算されて交換される商品に変貌するわけです。

そしてつぎのステップでは、市場からの神様の追放が実行に移されます。これは市場が税金を取ることで、その神仏の空間を管理していた神社とかお寺とか教会などに、莫大な富が集まってきてしまうのを防ごうとしておこなわれました。

とくに日本では、戦国時代にこれが徹底しておこなわれました。市場を寺社の管理から解放する「楽市楽座」という政策が、多くの戦国大名によって実行に移され、なかでも織田信長のおこなった政策は徹底したもので、市場の支配権は宗教の手から奪われて、これらの大名の管理下に入るようになります。あとは、こういう封建領主の支配権をなくしてしまえば、市場の機能は完全なものとなります。そこでは、贈与的社会ではそうであったような、モノと人格の結びつきを完全に否定され、分離されたモノばかりが、自由にその空間に流れ込んでくることになるわけです。

力の流動

しかし、贈与は交換の母体でもあります。交換の原理から贈与が発生することはできませんが、贈与の原理の内部におこる微小な変化をきっかけとして、贈与とは異質な交換の原理が、その中から生まれてくるからです。

贈与のすべての局面をつうじて、不確定なものが動いているのが見えます。表面上ではたしかに「贈り物」というはっきりした大きさも重さもあるオブジェが、人と人または集団と集団の間を移動していくのは、誰の目にもあきらかなのですが、実際にそこで動いているもの、流動しているものの実体をつかまえるのは、容易なことではありません。人はまず贈り物の価値を、使用価値にせよ交換価値にせよ、わざと不確定のままにしておこうとしています。贈り物の「値段」などというものは、初めから存在していないように振る舞うのがエチケットになっていますし、贈り物をもらった相手にお返しをする場合にも、わざと同じような商品価値をもたないものを、選ぶようにしているということは前にもお話したとおりです。

贈与において重要なのは、じつは贈り物となるモノではなく、モノの移動を媒介にして同じ方向に移動していく、流動的で連続性をもっているなにかの力の動きなのです。その「なにかの力」を表現するために、よく「信頼」や「友情」や「愛情」や「威信」などといったことばが使われます。

こうしたことばで表現されているものの実体をつかむのは、まるで「雲をつかむ」ように漠然としたところがあります。明確な形ももたなければ、計算のできる量に変換する方法もないために、曖昧なしかしそれが実在していることは感じられるという「雲のような」力の流動が発生していることだけはまちがいがない、といったやり方で、贈り物のモノといっしょになにかが動いていくのです。

この様子を、量子論が考える物質の運動に、喩《たと》えてみることもできます。古典的な力学では物質は粒子としての実在をもっています。その粒子がもっている運動量も位置も、確定することができるのです。ところがミクロの領域で通用する量子論では、物質はもはやそのような粒子としての明確な輪郭を失って、振動しはじめるようになります。物質の運動は、量子論では中心点のまわりにぼおっと

「雲のように」広がったものが、運動していくように描かれるようになります。

このアナロジーを使うと、贈与は経済と流通における「量子論」のレベルを示しているものとして、理解することができるようになります。それによれば、贈り物と呼ばれるモノは、たしかに物質としての輪郭も大きさも量ももっているものですが、贈与はそのモノ＝贈り物のまわりに、ぼおっと「雲のように」広がったさまざまなタイプの生命的な力を引きずりながら、人と人、集団と集団の間を移動していく、生命的な力の全体運動として描くことができます。

これに対して交換は、断固として古典力学的世界像に依拠して進められていきます。交換される商品の価値の「形態」は、計算も計量も可能なような明確な輪郭を与えられ、その移動によって、人と人、集団と集団の間を、貨幣価値に換算のできる量が動いていくのです。

モースの「贈与」概念

そういうわけで、量子論的な本質をもった贈与には、古典力学と同じ思考法をとる古典経済学の思考を適用することができません。贈与には贈与にふさわしい、量子論的経済学の思考がつくられなければなりません。『贈与論』（一九二五年）という本は、そのような贈与を扱うのにふさわしい新しい経済と社会の思考を生み出すために、物理学の領域で量子論がめざましい発達をとげようとしていたまさにその時代（ハイゼンベルクの行列力学が発見されたのが同じ一九二五年）に、フランスの社会学者

マルセル・モース（Marcel Fournier “*Marcel Mauss*”, Fayard）

マルセル・モースによって書かれました。

物質の科学が古典力学的な物質像から量子論的像への革命的な変化をとげていた頃、経済学と社会学の領域でも、古典経済学的な「交換」の概念を越える、新しい「贈与」の概念がモースによって発見されていたのですが、その革命的な概念は、物理学のように新しい実験装置の発達によってもたらされたのではなく、いわゆる「未開社会」の慣習を研究する人類学の調査結果を検討することから生み出されたものです。

物理学はミクロの領域へ向かうことによって、新しい贈与論はオーストラリア原住民やアメリカ先住民の世界に向かうことによって、同じような性格をもった現代的思考を発見したのです。ここにはなにかきわめて興味深い同時《シンクロニシティ》性の現象が起こっているように、感じられてなりません。

ハウの霊力

モースの『贈与論』があきらかにしようとした贈与の世界では、贈り物（これはかならずなにかのモノでできています）の移動がおこるたびに、目に見えない複雑な性格をもった流動的な力が集団間を動いていくさまが、ヴィヴィッドに感じとられていたようです。マオリ原住民の大知識人タマティ・ラビナウが、一九〇九年人類学者のE・ベストに語ったつぎのことばには、贈与によって「ハウ」と呼ばれる霊力が動き出す様子が、正確に描写されています。

さて、森のハウについてですが、このハウはふきよせる風《ハウ》ではありません。いいえ。私はていねいにそれをあなたに説明しましょう。さて、あなたが何か貴重品をもっていて、私にくれるとします。私たちは支払いについては何もとりきめていません。さて、私はそれを他の誰かに与えます、そして、長い時間がすぎます。そして、その男は自分が貴重品をもっていると考えます。

彼は私に何かお返しを与えねばなりません、そこで彼はそうします。さて、私に与えられた貴重品、それが、以前に私に与えられた貴重品のハウなのです。私はそれをあなたに与えねばなりません。自分のためにそれをとっておくことは私にとって正しいことではありません。何か非常によい物でも、悪い物でも、その貴重品は私からあなたに与えられねばならないのです。なぜならその貴重品はもう一つの貴重品のハウだからです。もし私がその貴重品を自分のためににぎっていたら、私はマテになるでしょう。そうしたものがハウ、貴重品のハウ、私のハウ、森のハウなのです。もうこれで沢山です（M・サーリンズ『石器時代の経済学』法政大学出版局、より）。

貴重品があの人の手から別の人の手へと動くと、それといっしょに「ハウ」という霊力も動きを開始します。貴重品をもらってそれを自分の手元にとどめておいて、他の人に贈り物として与えなければ、この霊力の動きは止まってしまいます。ハウには増殖力が宿っているので、その動きが止まれば、森の生物の繁殖力にも悪い影響が出てくることになるでしょう。だから、貴重品の贈与は滞《とどこお》りなく、ある期間をおいて実行されなければならない、という思想が、ここには表明されています。

デリケートで複雑な「贈与」

贈与がおこなわれるたびに、贈られるモノといっしょに、それに引きずられるようにして、威信や信頼や愛情や友愛のような人格性にかかわる生命的な力のあらわれが、量子的な「雲」となって、いっしょに運動していくのです。さらに贈与的経済の社会を生きていた人々は、モノが移動をおこすことによって、目に見えない「霊」の力が活性化され、人間の社会と自然を巻き込んで力強い流動をおこすのだと考えています。

ところが交換では、贈与で働いていた人格性の力や霊力などのすべてが、抑圧され、排除され、切り落とされてしまいます。贈与の全過程を動かしていた複雑な階層性が、均質な価値量の流れていく水路のような単純な構造に、つくりかえられてしまう中から「貨幣」が出現してきます。

贈与の実践でおこることを、いちいち合理化して理解することは不可能です。計算不能な人格性の力や霊力の動きなどが、そこに深い関与をおこなっていたからです。贈与の行為を上手におこなうためには、複雑な階層で違う運動をおこなっている力について、相当に緻密な認識ができていなければなりませんから、贈与はとても面倒くさい、デリケートな行為であると考えることができます。

近代の社会はそこで、このようにデリケートで複雑な贈与の原理にしたがっている社会の全組織を、簡単で合理的な交換の原理にもとづくものに改造しようと、試みてきました。

商品の交換がおこなわれる「市場」と呼ばれる場所は、近代社会が形成されるよりもずっと昔から存在していました。その頃は、社会をまとめる重要な機能をになっていたのは贈与のシステムでしたから、それと併存する形で商品を交換する場所が、特別に設《もう》けられていたのです。現在のように市場は、社会の全域に広がってはいませんでしたが、交換の原理は贈与の原理といっしょになって働いていたわけです。

人格性をぬぐい落とされたものが商品となる

贈与では、人から人へと移動していくモノには、なんらかの人格性がともなわれていました。そのため、贈与・交換併存社会で商品が市場に入っていくときには、あらかじめモノに付着した人格性を払い落として、ただのモノとなっている必要がありました。そこで先にも述べたように昔のやり方では、市場そのものが神のもので、商品としてそこに入り込んだモノも神のものとなる、そうなるとそれまでモノに付着していた所有観念や人格観念は、きれいさっぱり払い落とされて、人格性を超越したモノとして、神の所有物になるのだ、という思考法が取られていたようです。

つぎはそうやって人格性をぬぐい落とされた商品相互の間に、交換ということが実現されるために、共通の価値尺度が設定されなければなりません。市場に持ち込まれて交換されるのを待っている商品は、質的にも機能的にもたがいに異なっているので、そこに共通の価値尺度が必要になってくるのです。贈与はこの共通尺度の発生を、なんとか阻止しようとしていました。そういう共通尺度が生まれて、あらゆるモノの価値が数や量として計算できるようになると、贈与の精神が破壊されてしまうからです。そのために贈与の実践では、価値に関する不確定性原理が働くことになったのです。

交換では、このような不確定性が否定されて、モノの交換価値が数量で確定できるような決まりを、自然発生的につくりだしてきます。あらゆる商品が、「市場の神」の支配する空間の内部に入ると、抽象的な数の思考ですべてが動いていく市場の住人となるわけですから、モノからはそれに付着するいっさいの人格性も霊性も消滅して、自分と同じような過去を体験してきた他の商品と、交換の場で向かい合うことになるのです。

贈与と交換のトポロジー

このようにして、交換は贈与の中から発生することができます。その逆はありえません。それはちょうど、隠喩《メタファー》と換喩《メトニミー》ということばの詩的機能が、最初に人間の脳に生まれて、その詩的機能を平準化・合理化することによって、通常の話ことばがつくられてきた過程とそっくりです。私たちは話ことばをひねることで、詩のことばはつくられると思いこみがちですが、真実はその反対で、詩的なことばが脳の中に生まれていなければ、日常的な会話や推論を可能にする話ことばも、人間の心には生まれようがないのです。

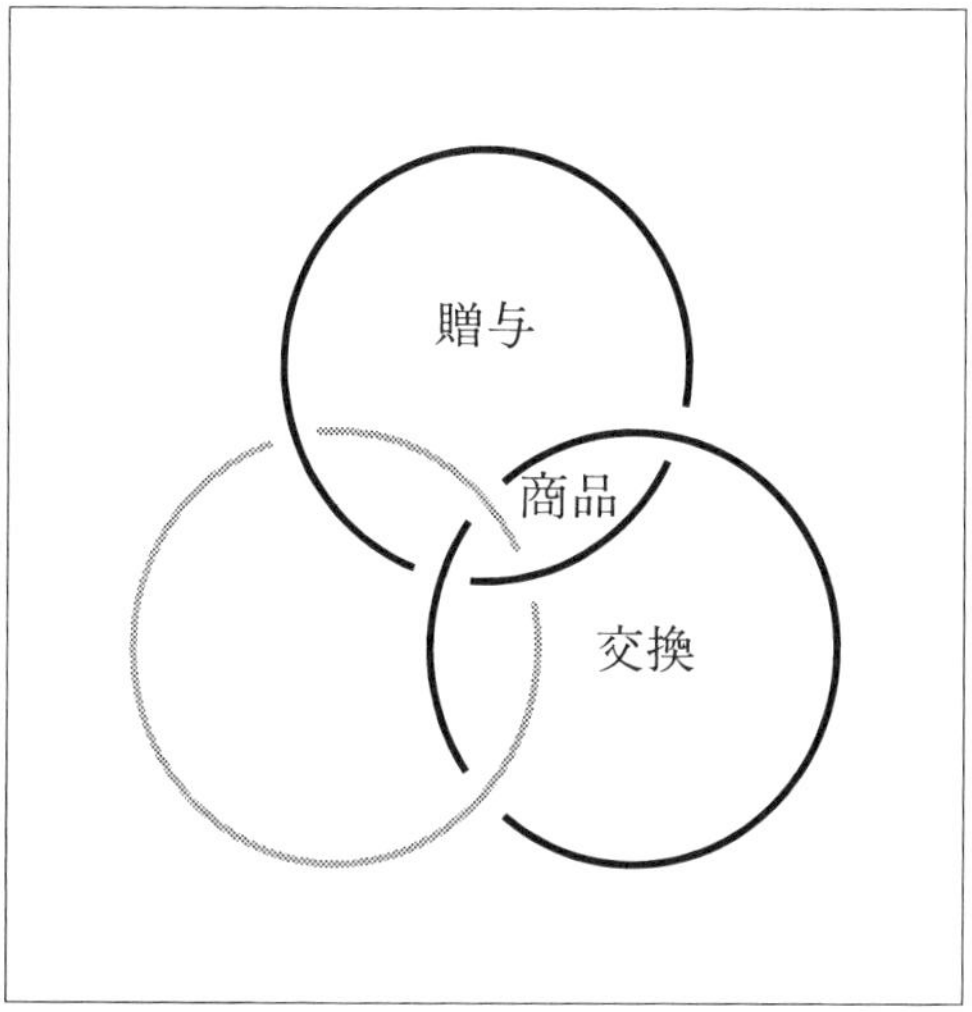

そこで贈与と交換を、上の図のようなトポロジーとして理解してみることができます。

かつて贈与の原理を交換の原理に組み替える巨大な改造が、地球上のいくつかの地点で、成功裡に実行にうつされたのでした。その改造のもたらした影響力は長い時間をかけて、地球上の他の場所にも確実に及んでいき、かくして私たちはそのような改造計画の、果ての世界を生きているわけですが、おかげでモノと情報の高速度で正確な移動と蓄積は可能になりましたが、愛や信頼といった人格性にかかわる力を流動させていくのが、ひどく困難になってしまいました。またそれといっしょに、「霊力」の動きを社会的に有意義なものとして活用できる体制《システム》をつくるなど、もってのほかの不可能事となってしまったのです。

「贈与がおこなわれなければ、宇宙の力の流動は止まる」と、贈与社会の人々は語りました。私たちの生きているこの世界で現在おこっている危機的な現象のほとんどは、そこで贈与の原理とともに動いていたさまざまな力が滞ってしまっていることから、もたらされているのではないでしょうか。この意味でも、モースがおこなった現代的な贈与の概念の発見は、これから私たちが自分の生きている世界の構造を変えていくために、とても大きな意味をもっているのです。

第二章

純粋贈与する神

贈与に吹き込む不思議な風

『小僧の神様』の主人公仙吉を悩ませていたのは、自分にたいそう気前のいいギフトをしてくれている相手が、どういう素性の人なのか、皆目見当がつかなかったからです。そういう状態では、たとえいまの境遇では仙吉には不可能であるとしても、その相手にお返しをすることができません。いや、そもそもその素性の知れない相手は、自分のしているギフトに対して、見返り（返礼）などを初めから期待していない様子なのです。ここから仙吉の「幻想」が紡ぎ出されることになります。「ひょっとしたら、あの客は御稲荷様かなんかが、人の姿をしてあらわれたものではないのかしら」。

贈与の行為には、「贈与されるモノ」とそれを「贈与する人」とそれを「贈与される人」が必要です。そして、贈与されるモノはモノとしての個体性をもち、贈与する人にもそれを受け取る人にも、それなりの実体性が認められるときにだけ、不思議なところの少しもない、モノを媒介にした人格的な価値の循環が発生できるのです。ところが、このうちの一項でも個体性や同一性が不分明になりますと、贈与の行為全体から不思議な香りが立ち上ってくるようになります。

『小僧の神様』の場合には、贈与されるモノはおいしい「すし」と判明していますし、仙吉の素性はとうに知られていますのに、小説の外に出てこれを読むことのできない仙吉には、自分に親切な贈与をしてくれている相手のことが、ほとんどわかっていません。「あの客」に同一性を与えることがで

ポトラッチの贈り物の山（“*Handbook of North American Indians*”, Smithonian）

きないでいるのです。すると、贈与の行為にはとたんに不思議の風が吹き寄せて、ひょっとしたらあの人は神様なのかも知れないという思考が、仙吉のうちに生まれてくることになるわけです。

どうやらこのように贈与において、「贈与されるモノ」「贈与する人」「贈与される人」の三者のうちの一つでも、同一性や個体性を失ってしまいますと、そこに神様をめぐる思考である「超越者の思考」というものが、入り込んでくる可能性が生まれてくるようです。贈与の原理の内部には、どうやら宗教的思考の強力な種が仕込まれている模様で、『小僧の神様』はそのことを描こうとしています。そこでこの問題の理解を深めるために、現代贈与論の形成に限りないインスピレーションを与え続けてきた、北米北西海岸に住む先住民たちのおこなっていた「ポトラッチ」という贈与の慣行について、詳しく調べてみることにしましょう。

ポトラッチ＝贈与の祭り

ポトラッチの慣行は一九世紀の後半には、白人社会とその経済システムの侵入によって、すでに大きく形が崩れてしまっていましたが、人類学者フランツ・ボアズが北西海岸インディアンの調査をおこなっていた頃には、まだ昔盛大におこなわれていたポトラッチの鮮明な記憶をもっている老人たちがたくさん生きていましたから、ボアズはこの魅惑的な慣行について、じつに生き生きとしたモノグラフを書くことができたのです。

ポトラッチは大がかりな規模でおこなわれる「贈与の祭り」です。亡くなったばかりの偉大な首長《チーフ》の思い出を記念するために、新しく首長に選ばれた人物のお披露目《ひろめ》に、重要な人物の子供の結婚の儀式にあわせて、この祭りは北西海岸沿いに住むクワキウトゥルや、トリンギット、ハイダ、ベラベラ、ツィムシアンなどの先住諸民族の村々で、にぎやかに催《もよお》されました。村の首長が別の村の首長とそこの主要な住人を、大宴会に招待して、お客に呼んだ人たちにたくさんの贈り物をするのです。

贈り物は昔は動物の毛皮などでしたが、一九世紀には白人経営の「ハドソン湾商会」が大量に持ち込んでいた機械織りの毛布が主役となっていました。この毛布を海岸べりの祭場にうずたかく積み上げて、贈り物の量の豪華さを誇示してみせたのです。そうやってポトラッチに招かれたお客たちは、招待されたことへのお返しをするために、別の機会に自分主催のポトラッチをおこない、前にホスト役をつとめた村の首長と住人を、そこに招待するのが当然だと考えられていました。

ポトラッチに呼ばれてたくさんの贈り物をもらって、お返しをしないと、たちまち吝嗇《りんしょく》だ強欲だとの悪評を立てられて、面目を失うことになりますから、口には出して言われなくとも、返礼の義務は当然のごとくに思われていたようです。

コッパーと贈与の環《サイクル》

こんな調子ですから、ポトラッチは贈り物競争の傾向を帯びてさえいました。自分が招待されたポトラッチに負けないような盛大な祭りをするために、無理をしてでもせっせと毛布などの贈り物を買い集め、宴会に振る舞うための鮭の薫製《くんせい》や動物の肉なども大量に用意して、お客の到来を、まるで戦争で敵を迎え撃つような気持ちで、待ち受けるのです。すると招待されたお客のほうもさるもので、相手が気張った贈り物を用意していることを察知して、その場でおこなう返礼用の毛布の山を二つに分けて、一方を船の中に隠しておいて、宴会へ臨むのです。

コッパー（*Ibid.*）

案の定、ホスト役の首長は、ポトラッチにおける贈り物の中でも最上等品と考えられていた、銅でできた「コッパー」という板を持ち出してきて、長い演説を始めるのでした。このコッパーはいかに由緒の正しい、貴重な、威力のある品物であり、これを贈り物にする自分たちはいかに気前のよい、高潔な人間であるかを、滔々《とうとう》と弁じ立てるのです。長い演説が終わり、さてお返しはという段になって、お客に呼ばれた村の首長は、すばらしい贈り物に感謝した上で、上等品の毛布二〇〇枚をお返しの贈り物に持参した、と告げます。

これを聞いてホストの首長はむくれてしまいます。このコッパーが毛布たったの二〇〇枚だって。またまた演説が始まります。贈り物をもらってあまりに失礼なお返ししかしなかった首長が、いかに悲惨な運命をたどることになったかを語る神話などが持ち出されて、相手の対応を批判します。

するとすかさず向こうの首長が立って、やりかえします。私たちを侮《あなど》るな。毛布二〇〇枚はあなた方を試すために用意したもので、あなた方が贈り物とする貴重なるコッパーに対しては、当然のごとくさらに毛布二〇〇枚が追加されるであろう、と。毛布四〇〇枚。これはたいへんな価値量です。ホストはこれを聞いてようやく心を落ち着け、相手の首長の手をとってなごやかな宴会が始まるのでした。

このような交渉の過程を見て、これは交換による交易ではないか、と勘違いしないでください。毛布はだいたいの値段がわかっていますが、コッパーは私たちの社会における貴重な骨董品のように、もともと値段などつけようがないものなのです。毛布の贈り物に毛布の返礼がなされることもありますが、その場合でも等価の毛布量が贈られることは、けっしてありません。

問題は、マオリ原住民の「ハウ」の場合のように、贈り物が集団間を移動していくことで、目に見えない霊力が活発に動きだすことにあり、贈り物にお返しをしないと霊力の流動が滞ってしまうのを怖れて、自分も気前のよい贈り物をしなければならないと、まるで返礼を義務のように考えたのです。自分一人が吝嗇で贈り物をしないでいると、それは全部族いや全宇宙の健康な運行を阻害することになるという、一種の宇宙的な責任感において、贈与の環《サイクル》は途絶えないように守られていたわけです。

破壊される「コッパー」と流動的な力

さて、ボアズが報告しているつぎのようなシーンが、私たちの注目を引きます。ツィムシアン族などの村でポトラッチが催されるさい、貴重品のコッパーがしばしば破壊され、破壊されることによってかえって価値増殖がおこると考えられている、というのです。まず実際の現場を見てみることにしましょう。

ツィムシアンは亡くなった首長の功績を讃え、後任の首長のお披露目をするために、盛大なポトラッチを催します。この「亡き首長のための祝宴」の席上、仮面を着装した踊り手がコッパーを小脇に抱えて進み出て、新首長にこう告げます。「このコッパーを砕いて、お客様たちに破片を差し上げるのです」。これを聞いた新首長は立ち上がって鑿《のみ》を取り上げ、コッパーを小さく裁断し、小さいその破片をお客に呼んだ人々に配っていくのでした。

同じような光景は、近隣のクワキウトゥルの村からも報告されています。首長は小さく裁断したコッパーをポトラッチにおける威信競争のライバルたちに配っていきますが、それをもらった相手は壊されたコッパーと同じくらい価値の高い別のコッパーを見つけてきて、ポトラッチを開催し、そこでまた銅板を裁断して配るという行為を繰り返すことが、求められていました。このときしばしば奇妙な光景が展開されました。細かく砕いたコッパーを、そのまま海に投げ入れて、あともかえりみないポーズをとってみせるのです。

最大の貴重品を砕いて海に投げ捨ててしまうというこの行為は、それを実行した首長に、大変な威信を与えると考えられていました。せっかくのコッパーは海に沈んでしまいましたから、大胆なこの首長はまた別に、お返しの品々を用意しておかなければなりません。海に沈んだ破片はそのあと拾い上げられて、あらためてコッパーに作り直されます。そうすると不思議なことに、前よりもコッパーの価値はぐんと増すというのです。粉々に砕かれたあとで再生したコッパーは、以前よりもはるかに霊力を増し、価値と威信を高めることができるわけです。

永遠の連続体「ゾーエー」

『ギフト』（法政大学出版局）という本を書いたルウィス・ハイドは、裁断されて壊されたあとに甦った「コッパー」が価値と霊力を増大させるという北西海岸インディアンのこの思考方法を、古代エジプトのオシリス神話や、古代ギリシャで一時期大流行したディオニュソス神の祭りに、照らし合わせて、理解しようとしています。オシリス神も体をバラバラに寸断されたあと、女神イシスが破片を拾い集めて接合して、ふたたび甦ってくる神ですし、お酒の神でもあるディオニュソスは葡萄圧搾機でつぶされた葡萄が、芳醇なワインとなって甦ってくるように、体を裁断されることによって霊力を高めていく神です。

このことをハイドは、ハンガリー出身の有名な神話学者ケレーニイの考えを援用しながら、こう考えました。古代ギリシャでは、個体の生命を「ビオス（Bios）」と呼び、個体性を越えた永遠の普遍的生命を「ゾーエー（Zoë）」と呼んで、区別していました。ゾーエーは途切れることもなく流れ続ける永遠の連続体です。その連続体の中に不連続な点のようにして出現してくるのが、私たち個体性をもったものの生命のあり方であるビオスなのです。ビオスとしての生命を貫いて、目には見えないゾーエー的生命が、流れ続けている、と表現してみることも可能でしょう。

ディオニュソスの祭りで、人々はビオス的生命の形態を引き裂いて、その中からゾーエーをこの世に出現させてみることを、試みました。もちろん、いくら牛の体を引き裂いたからといって、そこから飛び出してくるゾーエーの姿を見ることなどはできませんが、祭りの幻想の中で人々は、自分の思考が直観でとらえている事柄が、現実の世界に出現している様子を、見ようとしたのでした。そして、いったん引き裂かれてゾーエーの流動の中にひたってから、ふたたびビオスの個体性を得て、現実の世界に戻ってきたものには、前よりも一層すぐれた活力と威信がみちみちていると考えられたのです。

ポトラッチについてもこういう思考があてはまらないだろうか、というのがハイドの考えです。私もその考えは基本的に正しいものだと思います。ポトラッチの祭りを突き動かしている思考の背後に、なにかとらえどころのない、流動的な力の実在が感じ取られるからです。そして、その流動的な力の内部には、人間の社会のおこなう贈与の原理よりももっとラジカルな、別の極限的な原理が働いているように、感じられるからです。贈与の向こうに、何かが動いています。その正体を思い切ってつかみだしてみましょう。

純粋贈与の特徴

ポトラッチの例は、私たちがふつう「贈与」と呼んでいるものが、その極限のようなところで、まったく異質な原理に接触してしまっていることを、教えてくれます。贈与は贈り物が循環していく円環をつくります。この円環の上を、贈り物とその返礼が循環していくことによって、人間のつながりが発生するのです。ところが、この円環を途切れさせる「事故」がおこるとき、その「事故現場」から贈与の安定した円環には組み込まれたこともない、異質な原理が顔を出すのです。その異質な原理のことを、私たちは「純粋贈与」と名付けようと思います。

純粋贈与はつぎのような特徴をもっています。

（1）純粋贈与は、贈与の循環がおこなわれる円環を飛び出してしまったところにあらわれる。それは、贈り物が贈られその返礼の品が返されるという、モノの循環システムを破壊してしまう。

（2）贈与では物質性をもったモノを受け取る。しかし、純粋贈与はモノを受け取ることを否定してしまう。モノの物質性や個体性は、受け渡された瞬間に破壊されることを望むようになる。

（3）贈与では、贈り物がなされたことを、いつまでも人は忘れない。そのために贈与には返礼が義務となるのである。ところが純粋贈与では、贈ったことも贈られたことも、いっさいが記憶されることを望んでいない。誰が贈り物をしたのかさえ考えられないようにして、純粋な贈与はおこなわれる。それは自分がおこなった贈与に対して、いっさいの見返りを求めないのである。

（4）純粋贈与は目に見えない力によってなされる。その力は物質化されない、現象化されない。最後まで隠れたまま、人間に何かを贈り続けるのである。

「神様」の仕業

「まるで神様のようではないか」とお思いでしょうね。そのとおり、人間はこのような純粋贈与の出現にしばしば立ち会ってきましたが、そのたびに「これは神様のわざではないか」と思うようにしてきたのです。『小僧の神様』の主人公もそう考えました。わずかな時間だけ自分の前に出現しただけで、素性もあかさずに消えていったあの「純粋贈与者」は、きっとお稲荷様かなにかの化身にちがいないと、仙吉は考えたわけですし、逆にそのことで貴族院議員Aは苦しむことになります。なぜって、自分は神なんかではないし、それどころか神を信じてすらいないのに、仙吉に対してとった行動は、すべて自分を純粋贈与者に仕立て上げていくものではないかということに敏感に気づいた彼は、そのことでくよくよと考え込むようになったのですから。

ポトラッチで貴重なコッパーが破壊されたとき、人々が直観していたのも、この純粋贈与の原理の出現なのです。みごとに造形のほどこされた銅板の像を、寸断してしまうことによって、この貴重品は貴重品のまま、一瞬にして贈与の循環を飛び出してしまったのです。この行為をとおして、人々は贈与の原理そのものが何かとてつもない、絶対的な原理に触れていることを直観しています。それは贈与を越えた贈与、それに触れると贈与のシステムなどは破壊されてしまうほどに純粋な贈与の原理、見返りを期待することもなく惜しみなく自分を贈るものの実在感に、触れようとしています。

だから、コッパーは一度壊されることによって、力や価値を「増殖」させる能力を得るのです。粉粉に壊されて、贈与の祭りのクライマックスで、贈与の循環の外に飛び出してしまったコッパーの幽体は、そこで純粋贈与の霊力に触れて、惜しみなく「増える」能力を授けられて、ふたたび贈与の循環の環《サイクル》の中に戻ってくるのです。

こうして私たちは、交換と贈与の原理のかたわらに、純粋贈与の原理というものを発見することになりました。純粋贈与は交換や贈与とはあきらかな違いをもった原理です。交換や贈与では、じっさいのモノが人の手から手へと動いていくのを、実際に見ることによって、その原理が働いているのを確認できました。ところが、純粋贈与の場合には、モノの形や個体性が壊れていったり、当事者の人格的アイデンティティが消滅していったり、贈与の循環サイクルがなにかの拍子に途切れてしまったりするときに、不意にあらわれては消えていくものなので、それを実体として取り抑えることができないのです。

そのために、純粋贈与の原理の作動を身近に直観した人は、それをよく「神様」の仕業《しわざ》にしておこうとするものですが、前にもお話しましたように、これはカントの言う「もの自体」やラカンの言う「リアル（le réel）」という概念などと、まったく同じ構造をしています。ハイデッガーの概念「モノ（Das Ding）」とも酷似しています。

とにかくそれは「知」の外にあるものなので、「神様」の仕業にして知的な理解の外に放り出してしまうのは簡単でしょうが、私たちはこの一連の講義で、人間の脳のとらえうる全領域を踏破してみようと決意したのですから、断固として「科学」の立場に立つべきでしょう。純粋贈与は「知」にとっては「不可能」な概念です。ですが、そのような「不可能」をも包み込む、新しい心の科学を、私たちはつくりださねばならないのではないでしょうか。

贈与が純粋贈与に触れるたびに

つぎのような思考が、純粋贈与の原理に触れることによって生まれた思考です。人類学者ベストによって採集されたマオリ原住民の「ハウの哲学」では、西欧人には難解なこの概念を、つぎのように説明しています。

「土地のハウとは、その生命力、豊穣性などであり、また、思うに、威信ということばでだけ表現できる性質のものである」

「アヒ・タイタイとは、人、土地、森、鳥などの生命原理と繁殖力を護るためにとりおこなわれる祭式での、聖火のことである。それは家のマウリあるいはハウであると、いわれる」

「……ハベが南の方へ遠出をしたとき、彼は、クマラ（サツマイモ）のハウをたずさえていった。あるいは、ある人のいうところでは、クマラのハウをたずさえていった。このマウリの目に見える形は、一本のクマラの茎であった。それは、ハウ、つまりクマラの生命力と多産性をあらわしていたのである」

「森のマウリについては、すでに注目しておいた。すでにみたように、その機能は、森の生産性を護るためのものだったのである」

「『有形』のマウリは、農業と結びついて利用されている。作物の植えられた畠に安置され、作物の成長にひじょうに有益な効果があると、固く信じられている」

「さて、ハウとマウリは、人にだけ憑くのではなく、動物、土地、森、そして村の家にさえ、憑いている。だから森のハウ、生命力、ないし生産性は、それ独特の祭式によって、きわめて慎重に保護されなければならない……。というのも、多産性は、欠くことのできないハウなしでは、望みもつかないからである」

「生物、無生物をとわず、すべてのものは、その生命原理（マウリ）をもっている。それなくしては、なに一つ繁茂することができない」（サーリンズ前掲書）

このような森のハウは、人々が気前のよい贈与をおこない、贈り物にはきちんと返礼がなされるときに、人々の上に発動すると、マオリの人々が語っていたのを憶えていらっしゃるでしょう。

その森のハウ自身は、贈与の循環の外にあって、記憶ももたず、無時間的で、どんな物質性の形態をとることもない、純粋贈与の原理なのです。その純粋贈与のもたらすものに出会ったとき、人間は

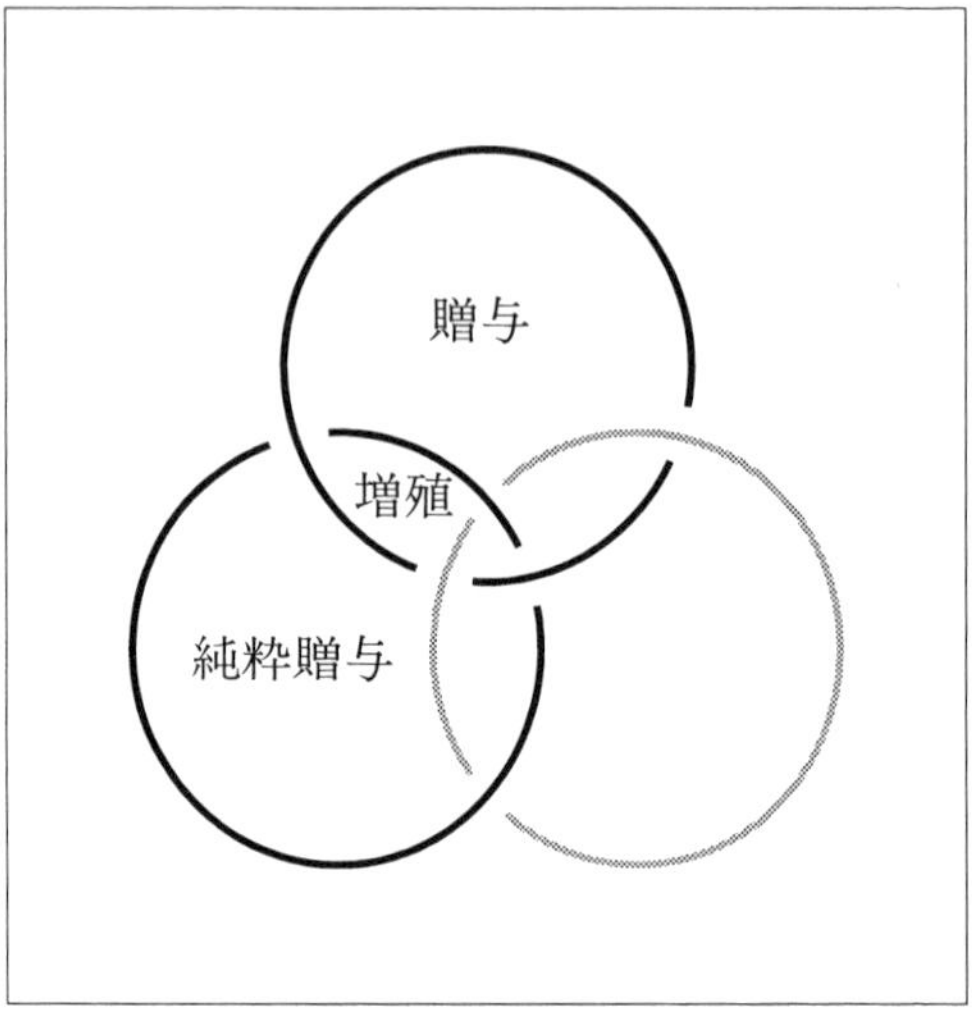

これを自分の「知」の領分に取り入れて、森のハウとの間にあたかも贈与の循環が発生しているかのように、理解しようとします。

相手（森のハウ）は何一つ記憶していないのに、人間は森のハウが与えてくれた贈与に対して、お返しをしなければならないと考えて、利益の一部をその源泉に送り返すための儀式をおこないます。これは、人間の抱きうるもっとも美しい幻想の一つでしょう。

そこで贈与と純粋贈与の間に、上図のような交わりが発生している、と考えることができるでしょう。贈与の原理が純粋贈与に触れるたびに、そこから霊力の増殖がおこる、という考えです。この考えは、神話的思考をおこなう人々の社会で、かつては広く信じられていたものです。

また、つぎのような思考も、純粋贈与の原理に触れることから生み出されてきたものとして、理解することができます。これは日本の中世の宗教家によることばですが、そこで展開されている思考を、私たちは「贈与論」の異文《ヴアリアント》として、理解することができます。

自然というのは、自はおのずからということで、行者のはからいでなくて、そうならせるということばである。然というのは、そうならせるということばで、行者のほうのはからいでなくて、如来のほうの誓いであるがゆえにそういうのである。

すべて、人のほうからはじめにはからわないのである。このゆえに、他力にあっては義なきを義とする、とするべきである。自然というのは、もとよりひとりでにそうならせるということばである。

阿弥陀の御誓いは、もとより行者のほうのはからいではなくして、南無阿弥陀仏と願をおかけになって仏がひとをむかえようと、はからわせになられたのであって、行者のほうで善いとも悪いともおもわぬことを、自然とは申すのだと聞いております（親鸞『古写書簡』。現代訳は吉本隆明『最後の親鸞』ちくま学芸文庫による）。

ここでは、「贈与者」や「贈与されるもの」ばかりでなく、「贈与を受ける者」さえも、自分が俗世間で大切だと思いこんできた同一性のすべてが、解体してしまっています。神話的思考の世界では、こういうことはさすがに起こりませんでした。「贈与者」であるハウは目に見えない霊力であり、そのハウが人間に届けてくれるのは森の生物の豊穣さという多少漠然とした対象でしたが、それを受け取る人間の側にはしっかりとしたアイデンティティが保たれていました。

ところが、中世の日本で展開したこのユニークな宗教思想では、阿弥陀仏（純粋贈与者）が惜しみなく与え続ける無限の慈悲力（形象性をもたない贈り物）を、人間の側がしっかりと受け取ることができるためには、その人間は一切の「はからい」を捨て、自分の存在に同一性を与える一切のものを捨てさることができていなければならない、と主張するのです。

純粋贈与を生きる妙好人

親鸞という宗教思想家はここで、このさきはないというほどの徹底性で、「純粋贈与」の思考を人間に可能なぎりぎりのところまで展開しようとしています。そのさきにはたぶん、つぎのようなことばしか出てこなくなるでしょう。

お慈悲も光明も皆一つ。
才市もあみだもみなひとつ。

なむあみだぶつ。

大恩、大恩、御大恩。この仏は
才市をほどけにする仏で、
なむあみだぶと申す大恩

なむ仏は才市が仏で才市なり。
才市がさとりを開くなむぶつ。
これを貰《もろ》たがなむあみだぶつ。

（浄土真宗の「妙好人」浅原才市の歌）

親鸞が説いた「純粋贈与の思想」をまるごと生きようとした「妙好人《みょうこうにん》」と呼ばれる念仏者たちは、生き物に慈悲を注ぐ阿弥陀仏（純粋贈与者）も、その慈悲の雨を受けている自分も、まったく見分けのつかなくなるほど、まったく「はからい」というものを捨て去ってしまうことを理想としていました。その極限状態では、贈与者と贈与を受ける者の区別もなくなり、自分の存在と贈り物（慈悲）との区別すらなくなってしまおうとしています。これはまったく人類の思想史においても、きわめて類例の少ない事態と言えるのではないでしょうか。

後期旧石器時代の人類の心に発生した「贈与」の思考は、新石器革命による大規模な組織化をへて、一つの巨大な社会原理となったのちに、その極限に浮上してきた「純粋贈与」の思考を発展させて、さまざまな宗教の思考を生み出してきました。日本の浄土教に生まれた「絶対他力」の思想を、その思考を文字どおり極限まで展開する試みとして、受けとめることができます。それは人類最古の経済思想である「贈与の思考」を、もっとも高度に展開した思想の華なのです。

そして、はからずも、ここで親鸞の口から「自然」ということばが、こぼれ落ちてきました。「純粋贈与」とは「自然」の別名であるのです。このことは、あとになって、もっと大きな意味をもってくるはずです。

第三章
増殖の秘密

原理の交わる場所

私たちは、一つの発見をしたようです。マルセル・モースは『贈与論』を構想しているときに、贈与の慣行を動かしている原理が、一つだと考えました。それは、古代や「未開」の贈与社会においては、贈り物がなされたら、それに対してお返し（返礼）をすることが義務になっていて、そうして発生する贈与―返礼の循環が、社会の全体を一つにまとめていくという考えです。つまり、贈与の慣行をつくりあげるためには、贈与の原理一つで十分だと考えたのでした。

ところが私たちは、この贈与の原理はじつは二つの限界領域で、二つの別の原理と接触しているという事実を見てきました。一つの限界領域でそれは交換の原理に接触をおこし、その反対側の限界領域では、純粋贈与という絶対的な原理に接触しているのです。そして、これまでふつう「贈与」と呼ばれてきたものは、じっさいには贈与の原理と純粋贈与の原理の交わりの場所におこっている現実の全体のことを漠然と指していたのだ、ということが、はっきり見えてきました。

実際私たちが出発点に選んだ『小僧の神様』という小説には、なにげない装いのもとに、そのことが訴えられていました。この小説では、善意に発する一つの贈与の行為が、一方の当事者（仙吉という小僧さん）には幸福感とともに軽い神秘の感情を残し、もう一方の当事者（貴族院議員A）には、すっきりと晴れない悔恨の気持ちを残すことになりました。善意に熨斗《のし》をつけて、おすしの贈り物といっしょに贈ったはずの行為が、なぜか不調に終わってしまったのです。

なぜ贈与の循環は、うまく働かなかったのでしょうか。それはただの世俗の人にすぎない贈与者（貴族院議員Aのこと）が、スマートな都会性を発揮しすぎたために、自分では背負いきれない絶対的な原理の片鱗《へんりん》を、そこに侵入させてしまったからです。純粋贈与の原理は、ふつうの人間の心では支えきれないほどの絶対性をもっています。そのことは、親鸞や妙好人たちが自分に引き受けようとしたものの大きさを考えてみれば、よくわかるでしょう。しかし、それほどの重大さを秘めたものでありながら、純粋贈与は交換と贈与に接触する形で、私たちの日常生活のすぐそばで、いまも絶え間ない活動をおこなっています。

ですから、私たちはいつでもそれに触れることが可能なのですが、内心の臆病さやずるさや利口さのために、限界領域を越えて、向こう側に踏み込んでいこうとはしないだけです。ところが宗教思想家と呼ばれる人たちは、小説家とは違って、それに気が付いたところで、その原理が地上で全面的に実現されるよう、自分の人生のすべてを捧げようと決心してしまう人たちなのです。けっして利口な選択ではありませんが、人間の心の偉大さを示しているのは、むしろこちらのほうなのではないでしょうか。少なくとも私は、このような利口でない人々が好きです。

未知の贈与論を求めて

こうして私たちの前に、いままで知られていなかった新しい「贈与論」の形が、大きく浮かびあがってくることになります。この新しい「贈与論」では、破綻《はたん》なくモノと気持ちが循環していく「贈与の環《サイクル》」だけで、贈与の全体性はなりたっているのではなく、その環の運行にいわば「垂直に」介入してくる純粋贈与の原理と一体になって（次ページ図参照）、一つの全体運動をおこなっているものと考えます。

贈与のサイクルでは、はっきり相手が誰とわかる「贈与者」の贈る物質性・形象性をそなえたモノとしての「贈り物」が、これも同一性をもった「被贈与者」が受け取って、いくぶんか時間のたったところでもとの贈り物に対する返礼を、ふたたび物質性・形象性をそなえたモノの形で返すことによって、破綻のない循環運動が続いていくように期待されています。

ところが、純粋贈与には物質性も形象性も同一性もないのが本来であり、しかもそれはあらゆるシステムを貫いて、そこに垂直方向から介入してくるものですから、贈与の環《サイクル》と純粋贈与の運動とが交わる二つの交点（◎であらわした場所）では、システムの順調な運行が途切れてしまいます。この場所で環のつながりに「穴があく」現象がおこるのです。するとこの「穴」をとおして、人々はそれまでシステムの外にあってその存在が感知されることのなかった流動的な力が、自分たちの世界の内部に流れ込んできたように直観するのです。

マオリの人々はこれを「ハウが動いた」と表現しましたが、それと同じことは、地球上いたるところの人間によって直観されていたことです。人と人、集団と集団の間に礼儀をわきまえた、破綻のない贈与の流れができているところでは、豊かさの感覚をそなえた霊的な力が動いているのが、はっきりと感じ取られていました。

このとき感じられる「流動する霊」とは、贈り物が違う個体の間を受け渡しされるたびに、贈与の環に発生する小さな「穴」をとおして流れ込む、純粋贈与をおこなう力にほかなりません。贈与が、交換とはちがって、モノの移動といっしょに目に見えない諸力を「引きずっていく」ように感じられることも、システムの環に垂直方向から介入してくる、この純粋贈与の働きによるものに違いありません。

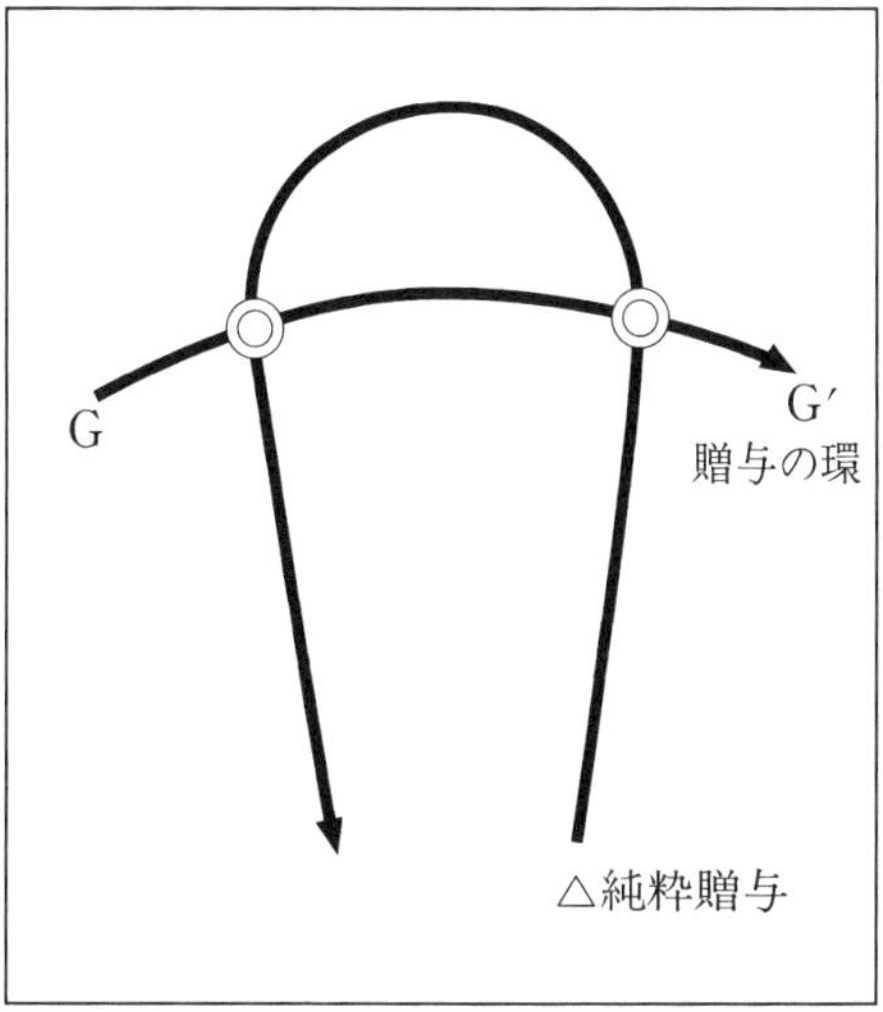

贈与の環が作動している最中に、不意にその環の運動を途切れさせて、純粋贈与の侵入を許すときに、人々は何か豊かなものの「増殖」がおこっていると直観した、という民族誌的事実が背後に

あるのも、このことに関係があります。クワキウトゥルやツィムシアンなど、北米北西海岸の先住民のおこなうポトラッチの祭りにおいて、しばしば昂奮した首長は、最大の貴重品であるコッパーを小さく砕いて、海に投げ捨てる行為を見せびらかしました。そうすると、コッパーの威力や威厳が増すばかりではなく、人々の間を流れる霊力にも「増殖」がおこって、何か豊かな気持ちになったといいます。

モースの先へ

システムの環に向かって垂直に、システムの外から流れ込んでくる純粋贈与の力が侵入してくると、その環の中にいる人々は、自分たちの世界を動かしているものの威力が増大し、いずれそれは世界に生まれてくるモノの数や量や質を豊かにしていくだろう、と感じたのでした。どうやら、私たちがこの講義でのもう一つの大きな主題として考えている「増殖」の問題についても、鍵を握っているのは純粋贈与の原理らしい、ということが見えてきます。

とはいえ、ことは慎重に進めなくてはいけません。まず注意しなければならないのは、純粋贈与を一つの実体として取り出してくることが、不可能だということです。そのために、純粋贈与が働いていることを直観的に理解してもらうためには、贈与という行為自体が、ところどころで自分を破綻させてしまう別の働きに接触していることをあきらかにする、「脱-構築《デコンストラクション》」の方法を使うのが有効です。実際哲学者のジャック・デリダは『時間を与える――贋金』という仕事で、モースが考えたような「贈与論」は不可能なことを、あきらかにしてみせました。

しかし私たちは、もっと大胆に先へ進んでみようと思います。贈与が接触しているその別の原理である「純粋贈与（デリダは「贈与としての贈与」とか「絶対的贈与」という言い方をしています）」を、創造的な概念として積極的に利用することによって、人間についての学問に、未知の可能性を開いてみたいと考えるのです。モースが構想して実現しえなかった未知の「贈与論」に、一つの形を与えてみたいのです。慎重に、でも大胆に、前進を試みることにいたしましょう。

無から有を創造する

こうして私たちは、ふたたび『熊から王へ――カイエ・ソバージュII』の世界に立ち戻っていることに、気がつくのです。後期旧石器時代のホモサピエンス（現生人類）が、洞窟を住居とし、また特別に選ばれた洞窟の中では、なにかの宗教的祭儀が執《と》りおこなわれていたことを示す、たくさんの証拠が発見されているのを、そこで見てきましたね。洞窟壁面にはおびただしい数の動物の姿が描かれています。鹿や馬が疾走していくところを描いたそれらの絵画は、迫真のリアリズムで、私たちに深い感動を与えるのです。また同じ洞窟には、熊とおぼしき動物をかたどったテラコッタ像が残され、あたりにちらばった遺物からして、あきらかに儀式がおこなわれた痕跡を示しています。

ラスコーやショーベをはじめとするそうした洞窟では、動物の「増殖」にかかわる儀式がおこなわれていたのではないか、と考古学者たちは推測しています。マーリンガーはそれについてこう書いています。

大地の懐《ふところ》にあったこれらの祭祀洞で演ぜられた行事は、先《ま》づ第一に狩猟呪術すなわち獲物の呪術的手段による確保である。猟運、換言すれば富豊な獲物と野獣が決して根絶することのない猟場とは古い原始人にとって最大の関心事で、彼等にとって狩猟は本来食糧供給源であった。（……中略）供犠と、また恐らくは祈禱によって、この猟運と神的猟運を施与者または動物の主に歓願した（ヨハネス・マーリンガー『先史時代の宗教』考古学研究所）。

もしもこのような考古学者たちの推論が正しいとすると、私たちは旧石器時代の人類のおこなった最古層に属する「哲学的思考」について、重要な手がかりを得たことになります。動物の姿を壁面に描いて、その前で儀式をおこなうことによって、動物たちの増殖を幻想的に先取りしようとする「魔術」をおこなっていたのだとすると、洞窟という空間自体が純粋贈与の原理と現実の世界との交点を意味していることになるでしょう。壁面は、旧石器時代のホモサピエンスにとって、一つのキャンバスとしての意義をもっていたことでしょう。つまり、そこは記号の連鎖《れんさ》の描き込まれる平面だったはずです。

純粋贈与する力の痕跡

進化をとげた人類の脳は、世界をことば（記号）の連鎖として構成する能力を獲得していましたから、洞窟の壁面は、いわばそのようにしてできている世界の構成原理を抽象化した、表現のためのキャンバスです。そこに未来に増殖をとげていってほしい動物の姿が描かれるのです。

ということは、壁面に描かれた動物の姿一つ一つが、記号表現のための平面と垂直に交わっていった、純粋贈与する力の痕跡を示すものであったと考えることができるのではないでしょうか。つまり、その壁面上に、後の哲学が「無からの有の創造」と呼ぶことになる形而上学の思考が、自らのはじまりの瞬間を記録したわけです。

純粋贈与する力が世界を横切っていくたびに、現実の世界には何かが生まれ、何かが増殖をおこすという哲学的思考を、壁面（思考と表現のための平面）を横切っていく純粋贈与する力が交点に残していく創造の痕跡（動物の姿など）として定着させようとしたのだ、とも考えることができます。いずれにしても、そこでは「魔術」めいた儀式のおこなわれていたことはたしかでしょうが、その背後には「増殖」の主題をめぐる、哲学的な思考のたしかな痕跡を認めることができます。

精神技術者のパーティ

そればかりではありません。旧石器時代のホモサピエンスのこうした増殖の思考には、それと反対の思考、つまり死と消滅をめぐる思考がセットになっていました。生まれ、増えていくものが、同時に死に、消えていくものと同居している様子が、はっきりと絵画で表現されています。

ラスコー洞窟は「広間」や「回廊」や「小部屋」でできていますが（次ページ上図）、そのうちのもっとも奥まった部屋の一つに、奇妙な図が描いてあります（次ページ下図）。大きなバイソンのかたわらに、仰向けに倒れているとおぼしき男の姿を見つけることができます。バイソンのお腹から内臓がはみ出しています。おそらく鋭い石器で腹部を傷つけられたのでしょう。バイソンは、近づく自分の死を予感しながら、角を突き立てて、自分を傷つけた狩人に挑みかかっているようです。

バイソンに倒されたのかどうかははっきりしませんが、そのかたわらには男が一人仰向けに倒れています。槍とおぼしき武器のようなものが、そばに転がっているところからすると、彼がバイソンを傷つけた本人なのでしょうね。このとき男のペニスが空に向かって固く直立しているのが、目をひきます。この男は性的な昂奮を味わいながら、そうやって倒れているようにも見えます。そのそばに、鳥を頭部につけた杖《つえ》が、投げ出されたように転がっているのも見えます。

この図をめぐって考古学者や美術史家たちは、創造をたくましくしてきました。鳥の像をてっぺんにつけた杖は、シベリアやアメリカの先住民のシャーマンの道具として、よく知られているものと瓜《うり》

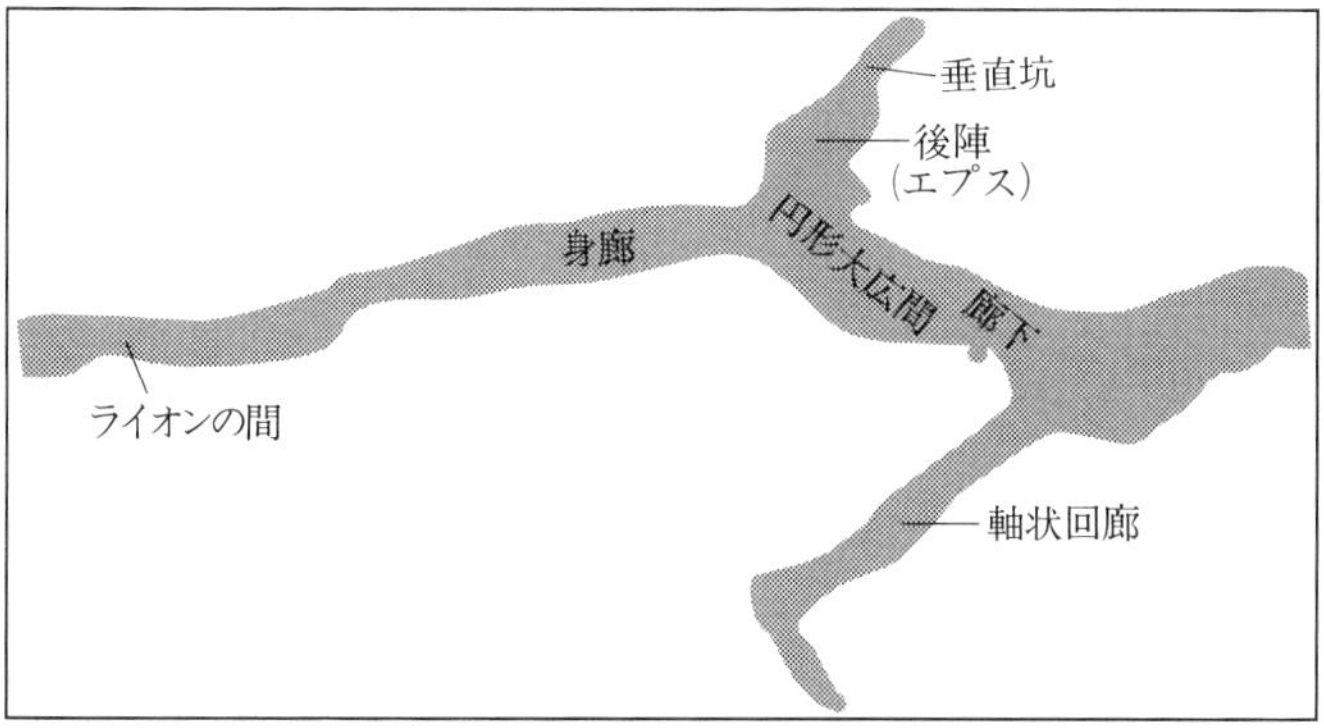

ラスコー洞窟の構造（Joseph Campbell, "*Historical Atlas of World Mythology Vol.1*", Harper & Row）

バイソンと倒れた男（*Ibid.*）

二つ《ふた》です。そこで、バイソンのかたわらに倒れているこの男は、旧石器時代におけるシャーマンのような精神技術者ではないかと推定されています。

この推定をさらに確からしくしているのは、この図柄が描かれている場所の特殊性と関わっています。そこは洞窟の奥の「小部屋」のさらに奥まったところに、井戸のように穿《うが》たれた岩の裂け目の壁面です。そんな場所に絵を描くためには、何かひものようなもので体を結んだ画家が、深い井戸の上に体を宙ぶらりんの状態にしたまま、無理なかっこうで作業をするしかありません。しかもさらに興味深いことには、その井戸の地下からは、濃度の高い二酸化炭素をはじめとする有毒ガスが噴出しているというのです。

二酸化炭素中毒で危ない状態になると、男性のペニスがエレクト状態になるという報告もあります。そこから、人類学者の中には、この井戸はシャーマンのような精神技術者たちが二酸化炭素を故意に吸い込んで意識を喪失させる、宗教的な「ドラッグ・パーティ」に使われていたのではないか、と考えている人もいます（ハンス・ペーター・デュル『再生の女神セドナ』法政大学出版局）。その考えによれば、ペニスを立てたまま倒れ込んでいる男とは、有毒ガスを吸って仮死状態に陥ったシャーマンであり、そのかたわらにいる瀕死《ひんし》のバイソンとは、同じ「死」の主題によって結びあっている、と考えることができるでしょう。

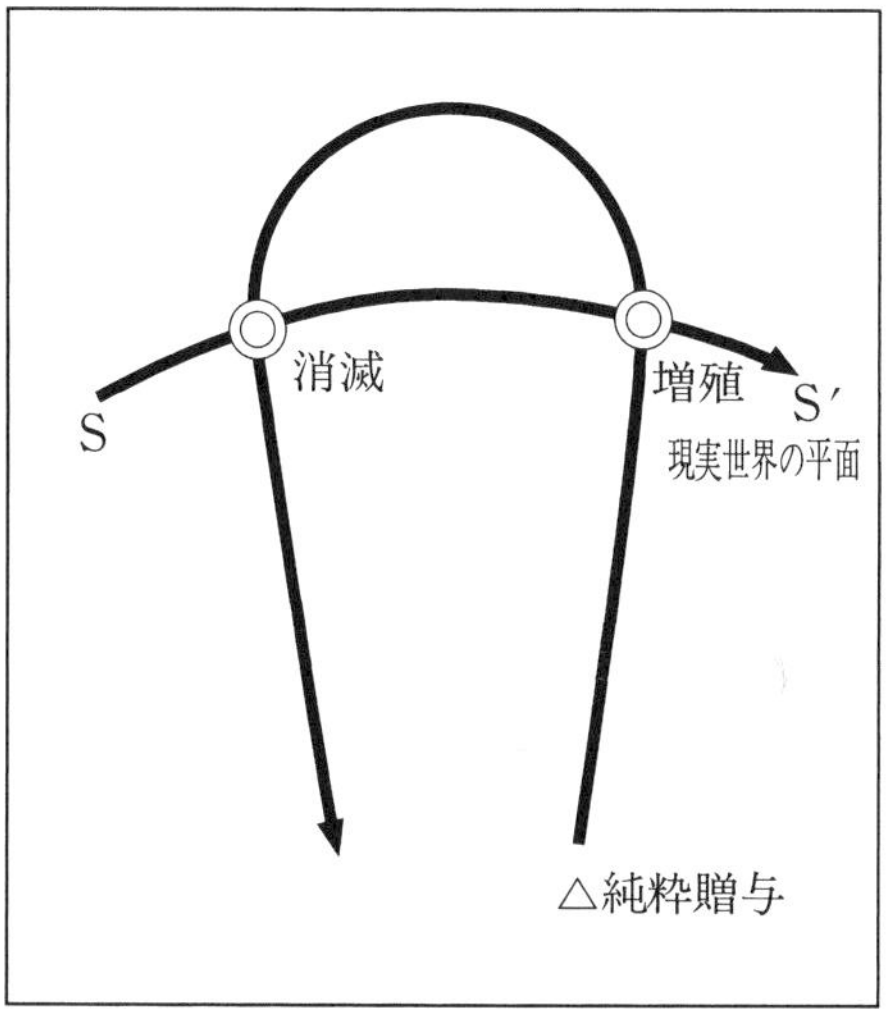

人類最初の形而上学

生まれた生命は、こうして死んでいくのです。増えたものも、こうして消えていきます。旧石器時代のホモサピエンスの残した洞窟壁画には、「増殖」の主題と同時に「死」の主題が、同居しています。純粋贈与の力線が現実の世界に交差するとき、生命の増殖はおこるのですが、いったん世界の内部に出現したその力線がふたたびもとの潜在空間の中に立ち戻っていくとき、生まれた生命は消滅を体験しなければなりません（上図参照）。

奥深い真っ暗な洞窟の中では、かすかな手燭（たぶん動物の脂肪を燃料としていたのでしょう）だけを頼りに、「生」と「死」の弁証法を主題とする不思議な儀式が、男たちだけによって、ひそかに執りおこなわれていたのではないでしょうか。どうして男だけの「秘密結社」による儀式がおこなわれていたなどと考えられるかというと、この巨大な洞窟ギャラリーのどこを見渡しても、人間の女性を主題とする絵が見いだされないからです。生命の増殖と言えば、まっさきに考えられなければならないのは、人間の女性の妊娠した姿なのではないでしょうか。それなのに、洞窟ギャラリーの壁面には、まるでなにかの検閲がほどこされたかのように、その姿が見あたらないのです。

この事実を、どう考えたらよいのでしょうか。私の考えはこうです。この洞窟内の巨大な空間は、人類による最初の「形而上学」のおこなわれた場所なのではないだろうか。男、しかも成人した大人の男だけがここに集まって、女性や動物の身体に訪れる「増殖」の現実について、最初の抽象的思考をおこなったのではないだろうか。そのために、女性の妊娠の主題は、あまりに「具体的」なものとして、絵のテーマに選ばれなかったのではないか。この空間は具体的な現実をそのまま表現するのではなく、女性の妊娠の背後に活動している目には見えない純粋贈与する力について、哲学的な思いをこらす場所だったのではないか。

ラスコーやショーベの洞窟絵画については、それを「人類の芸術のはじまり」として、たくさんの人たちが論じてきましたが、そこが人類の抽象思考または形而上学思考のはじまりの場所でもあったとは、これまで見過ごされてきた点であるように思います。ここには「ジェンダー」と「知」との関係をめぐる、すぐれて現代的な問題がひそんでいるように見えます。男性的な「知」が抽象的な思考を好むというのは、すでに旧石器時代の狩人たちの間に発生していた傾向なのかも知れません。

ローセルのヴィーナスと一三本の刻み目

ところが、暗い洞窟に慣れた目をしばたたかせながら、さんさんと降り注ぐ太陽のもとに立ち戻ると、そこに私たちは息をのむほどにすばらしい女性の身体像を発見することになるのです。

一九一一年、ラスコー洞窟から数マイルしか離れていないローセル Laussel 村の裏山の中腹にある、天然の雨よけ傘《シエルター》のようになっている岩の張り出しの下のテラスで、この像は発見されました。地質学者のラランヌという人が、偶然にみつけたものです。旧石器時代の人々は、このようなテラスで日中を過ごすのを好んだようです（次ページ上写真）。さんさんたる陽光を浴びながら、人々はこの安全な場所でくつろいでは、手作業をしたり、子育てをしたりしていたのでしょうね。

その岩のテラスの一角にある岩肌に、のちに「ローセルのヴィーナス」と呼び慣わされることになったその女性像は、彫り込んであるのです（次ページ下写真）。これは数ある「ヴィーナス像」（ここには海の泡とも男女交合のさいの体液の泡から生まれるとも言われた古代ギリシャ神話のヴィーナスを描いた、有名なボッティチェリのものも含まれます）の中でも、とりわけ美的かつ思想的に興味深いものです。美術史家ジークフリード・ギーディオンはつぎのように書いています。

彫像と岩の塊は、たがいに分かちがたく組み合わされている。このレリーフを彫った彫刻家は、岩の塊の張り出した部分を活かすようなポーズを選んだ。そのため、彫像には前方にむかってゆるやかなふくらみがある。横から見ると、そのカーブは「く」の字のように張りつめて見え

旧石器時代の人々のテラス
（*Ibid.*）〔右〕
「ローセルのヴィーナス」
（*Ibid.*）〔下〕

る。その曲線は妊娠した腹部で最高にふくらみ、そこから両側にむかって下降していき、ついにはゆっくりと岩へ沈み込んでいくのだ。足は岩と一体化している。上半身はゆるく後傾しており、頭部は両側の岩の隆起のあいだにあり、まるでクッションにもたれかかっているようである。……この作品は先史時代の美術史上で、もっとも活力あふれる人体彫刻である（S. Giedion *"The Eternal present vol.1"*, Princeton University Press）。

豊かな乳房、ふっくらとした腰つき、そしてふくらんだ腹部には左手がそっと当てられ、右手にはバイソンの角《つの》とおぼしき角が握られています。この角には何か刻み目のようなものが、彫り込んであるようです。

一九六〇年代にアポロ計画の思想史的意義についての文章作成をＮＡＳＡから依頼され、世界中の考古学遺跡を飛び回って資料を収集していたサイエンス・ライターのアレキサンダー・マーシャックは、この角の刻み目の数が正確に「一三本」であることに、着目しました。「正確に」と言ったのは、マーシャックはそれより前からアフリカで発見されていた旧石器時代に属する骨器のいくつかのものに、二六本または一三本の特徴のある刻み目が彫り込んである事実に、気づいていました。中にはしだいに刻みの長さが長くなり、真ん中の一四本目あたりからしだいにまた短くなっていくように描かれたものもありました。マーシャックはそれが月の満ち欠けによる旧石器時代の「カレンダー」であると直観したのです。

月の運行と「増殖していく生命力」

こういう目で考古学的発掘品を見ると、不思議な符合のあることがわかってきました。南フランスで発見された「ローセルのヴィーナス」の手にしているバイソンの角にも、じつに一三本の刻み目が「正確に」彫り込んであるではありませんか。同じ実例は、世界中からつぎつぎと見いだされるようになりました。もはや自分の直観に間違いはないと思い切ったマーシャックは、アンドレ・ルロワ＝グーランをはじめとする考古学の大家たちの疑惑を尻目に、堂々たる著作『文明の起源』を出版して、太陰（月）の満ち欠けによるカレンダーの制作が、人類の時間意識の形成に決定的な働きをしたことを立証してみせたのです。

さてそれによると、旧石器をつかっていたホモサピエンスは、すでに正確なカレンダーをもっていたことになります。彼らは新月をもって、月齢による計算を始めています。それから一三日目の夜には、満月がやってきます。月の生命力がもっとも盛んになる夜とも言えますし、これから死の暗闇に向かっていく減退のプロセスがはじまるのが、その夜だとも言えます。いずれにしても、一三本の刻み目は、月の運行に関係があるはずです。

その一三本の刻み目を入れたバイソンの角を右手に、左手は自分のふくらんだ腹部にそっと当てている女性像が、何を言いあらわそうとしているかは、現代の私たちにも明白です。それは「増殖していく生命力」をあらわしているはずです。

このヴィーナス像のそばの岩肌には、男女の交合シーンを描いたとおぼしき絵（次ページ写真〔上〕）も、彫り込まれていますから、この明るいギャラリーに「展示」してある作品群には、どうやら一貫した主題があるらしいことがわかってきます。女性の持つ「生む力」の神秘こそが、これらの絵画のあからさまな主題なのでしょう。

この「ヴィーナス像」の発見されたローセルの近くに点在する遺跡からは、それからも続々と女性の姿を描いた像が発見されるようになりました。たとえばヴィンヌ近郊の「魔女の隠れ家」と村人に呼ばれていた洞窟でみつかった、息を飲むほどになまめかしい、三人の女性の下半身だけを描いた像や（次ページ写真〔下〕）、柔らかい肌ざわりやさわさわと揺れる陰毛の触感までこちらに伝わってくるほどにエロティックな、アヴェイロン渓谷で発見された浅彫りの女性像などが、それです。

旧石器時代の「密教」と「顕教」

さて、興味深いことには、こうしたエロティックな女性の姿を描いた像は、いずれも陽光の降り注ぐ岩のテラスや、光線が届くほどに浅い洞窟の壁面などに描かれているケースがほとんどで、ラスコー洞窟のような深々とした穴の奥には、女性の姿が描かれることはめったにない様子なのです。これ

男女の交合シーンを描いた絵（*Ibid.*）〔右〕
３人の女性の下半身（*Ibid.*）〔下〕

はいったい何を意味しているのでしょうか。深い洞窟の奥には、動物や男のシャーマンの姿ばかりが描かれ、旧石器人が日中の生活を送りつつ軽い祭儀をおこなっていたとおぼしき岩のシェルターには、なまめかしい女性像が描かれているのです。

おそらくは、洞窟と岩のシェルターでは、種類の違う宗教的思考がおこなわれていたのだと考えるのが、いちばん理解のしやすい考え方だと思います。つまり、深い洞窟では男性の「秘密結社」的な集団による旧石器時代の「密教」の儀礼が執りおこなわれ、陽光の差し込む岩のテラスや洞窟の浅い入り口近くの部分では、女性たちも交えながら「顕教」的な儀礼がおこなわれていたのではないでしょうか。

そうすると、洞窟の奥で、大人の男たちだけでおこなわれる「密教」儀礼では、女性や動物の雌や自然のもつ「生む力」は抽象化された「純粋贈与の原理」のようなものに姿をかえて思考の対象とされ、絵画にも表現されたのでしょう。そのために、洞窟壁画には、めったに現実の女性の姿は描かれないのです。そのかわりに、純粋贈与する力が表現の平面（岩の壁面）を横切っていく地点には、まるで「ここで無から有の創造がおこなわれましたよ」と言わんばかりに、動物の姿が一種の「記号」として置かれたと考えることができます。

これに対して「顕教」的な明るい儀式では、現実の女性の姿が、堂々とそのまま登場してくることができます。そこでは現実の女性を排除して、男たちだけが形而上学的な思考にふける密儀宗教とはちがって、表現に一切の「ねじれ」は加えられることがありません。女性性や生殖性の主題は、抽象化され、概念化され、形而上学化されることのないままに、純粋にエロティックな具体的対象として、見つめられるようになります。洞窟の「密教」には深遠な宗教的思考がみちあふれていますが、テラスでおこなわれる儀式では、より気軽な芸術表現の技を楽しんでいる気配が感じられます。

こうして、洞窟壁画のかたわらで制作された、さまざまなタイプの女性像は、より世俗的なかたちで表現された「純粋贈与の原理」のかたちをあらわすようになったのです。洞窟の奥に描かれた絵画の背景にある思考と、このエロティックな女性像とを比べてみると、そこに見過ごすことのできない重大な「差異」が示されているのがわかります。洞窟の奥には、増殖と死の主題が共存していました。むしろ、増殖していくことと消滅し死んでいくこととは、一体のものとして思考されています。

「コルヌコピア」型の思考

ところが、明るい「ヴィーナス」たちの像には、死の主題はあからさまにあらわれていません。彼女たちが手にするバイソンの角にも、満月を意味する一三本の刻み目しか彫り込まれていなかったことを、思い出してください。ここにある「ヴィーナス」たちは、むしろ消滅や死の影から自由になった「産出する者」の姿を、ストレートに表現しています。

男たちが暗い洞窟の内部で、死と再生をめぐる形而上学的な思考にふけっていたかたわらの明るいテラスでは、女性たちも交えて、富と生命を生み出すものの力が、単純に讃えられていたのです。その意味で、これらの「ヴィーナス」像は、農業をおこなう新石器時代になって盛んに登場するようになる、無限の富と生命を産出する力を持つと信じられた、「コルヌコピア(豊穣の角)」型の概念を表現していると考えることができます。

ここでこれからの話で決定的な重要性をもつ、「コルヌコピア」の概念について説明しておくことにしましょう。もともとは古代のローマで使われていたことばで、豊穣の女神をあらわしています。象徴的には、たぶん山羊の角だと思いますが、それを杯にして、その中から果物やら花やら緑の葉っぱやらが、あふれかえっている様子に描かれます。空中に浮かんだ杯から、つぎからつぎへと豊かな富があふれ出てくるように、現実の世界のモノでありながら、無から有が創造されるように、現実の富を生み出す能力をもったものが、コルヌコピアなのです。

この概念が、つぎつぎと形態を変容させながら歴史は展開してきた、といっても過言ではありません。カバーの写真をごらんください。これは友人のアーティスト、エドワード・アーリントンが若いときに制作した「毒の神酒」という作品ですが、ここで言われている「毒」とは、資本主義の一側面をさしています。アーリントンはコルヌコピアを制作することによって、毒と豊かさが同居する経済システムの本質を芸術によって思考しようとしたのです。

ヨーロッパの中心部では、ピタゴラスやハイデッガーによって幾度かその復興は試みられたものの、「洞窟の密儀」型の思考はしだいにすたれてきましたが、かえって「コルヌコピア」型の思考は、大発展をとげることになります。それは、はるか後の時代になって、その地で資本主義が異常な発達をとげることになることまで、予言しているように感じられます。一二～一三世紀のヨーロッパで、そのことは誰の目にもあきらかな事実となりますが、その話は次回のお楽しみとしましょう。

第四章

埋蔵金から聖杯へ

流動する富

贈与と交換は、社会に流動をつくりだします。どちらも富の移動がにぶったまま、社会がどんよりとした停滞に陥るのを防ぐ力をもっているからです。とくに、贈与の場合、自分のもとにやってきた贈り物を、自分だけの富として、いつまでも手許《てもと》に抱き込んだようにしているのは「悪」だとみなされました。贈与の環《サイクル》が動いていくことは、社会の全体を巻きこんだ一種の「事業」なので、それぞれの個人はその環の一部分の動きに責任があるのです。そこでそれぞれの個人は、自分の担当する贈与の環の一部分が、すみやかな流動を実現していくようにと、心を配ります。「贈与は宇宙をも動かす」と言われるのは、まったくそのような理由によるのです。

ところがここに、「富の流動の停止」ということを主題にする、おびただしい数の物語群を見いだすことができます。地下や水中に、人知れず黄金の宝物などが埋蔵されていて、それを不思議な妖精たちが守っているという、「埋蔵された宝物」の物語のことです。

資本主義の形成がはじまる以前のヨーロッパや東アジアで、そのようなタイプの埋蔵された宝物の物語を、たくさん見いだすことができますが、ここでは古代から中世にかけての北欧で語られた物語群の中から、一つだけ実例を取り出して、ご紹介することにしましょう。

どうしてこの物語が特別に取り出されたか、その理由はあとになってはっきりわかるでしょう。それは、今日の話の縦糸をなすリヒャルト・ワグナーという音楽家のおこなった芸術的創造に関わりがあり、ひいては「貨幣の出現」のもつ人類的意味について、この物語は興味深い問題を提出しているからです。

『ウォルスング家のサガ』

北欧では、南国の太陽の下で育ったギリシャ神話とはおよそ異質な、暗く荒々しい神話が、豊かに語りつがれてきました。新石器時代以来のそうした神話群は、『エッダ』という神話・叙事詩集に集大成されましたが、それをもとにして古代の末期にはノルウェーからアイスランドに移住した人々によって、『サガ』と呼ばれる文学が、豊かに創造されるようになりました。

『サガ』を創造し伝えた人々の社会は、貴族と平民とからなる封建社会の特徴をもち、そこで神話の神々と人間の英雄たちがいっしょになって活躍する、魅力的な物語が生まれたのです。ここに紹介するのは『ウォルスング家のサガ』と呼ばれているものの一部です。素材的には大陸のほうの北欧で伝承されていた神話が、たいした変形をこうむることなく利用されています。そのために、『ウォルスング家のサガ』のこの部分は、ドイツの有名な『ニーベルンゲンの歌』とほとんど同じ内容をもっています。どちらも同じ神話素材を利用して物語を創造したため、出来てきたものも同じだったという、比較神話学的にはとても興味深い実例になっています。

フレイドマールという男がいた。強大で、また財宝を多く蓄えていた。彼には、ファフニール、オッタル、レギンという三人の息子があった。中で一番不敵なのはファフニールで、心ざまが苛烈でわがままだった。オッタルは漁の名人で、昼間はカワウソの姿になって、滝壺《たきつぼ》のところで漁をする慣わしだった。そしてその獲物を食べる際は、食物が消えてゆくのが目にはいらぬように、目をとじているのだった。レギンは二人の兄弟には似ていなかった。彼は勇気とこけ脅かしはあまり持たなかったが、あらゆる武器を鍛えるのにたけていた。

さて、ある時オーディンとロキとヘニールの三人の神が、長い旅の途中で、オッタルが漁をしている滝のそばを通りかかった。神々は彼が目をとじて坐って、一匹の鮭を食べているのを見た。と、ロキがそれを狙って石を投げた。石は頭にあたり、カワウソはその場に倒れて死んだ。ロキは自分のやったことが少なからず得意だった。

神々はさらに先へ進んで、フレイドマールの屋敷に来ると、そこで一夜の宿を求め、食べ物は持って来たからと言って獲物を主人に見せた。フレイドマールは内に請《しょう》じて、衣服と武器をとってくつろぐように言った。ところが、神々が武器なしで坐っている間に、彼は外へ出ていって息子たちに告げた——お前たちの兄弟のオッタルは殺されて、その下手人どもは広間に坐っているぞ、と。

兄弟はすぐに入って来て客たちを捕えると、これを縛り上げて言った——お前たちが殺したカワウソは、実はフレイドマールの息子なのだ。この殺害に対して十分の賠償を払わないなら、決してお前たちは放してやらないぞ、と。

神々は賠償金を払う約束をして、フレイドマール自身に息子の死に対して払うべき額をきめさせた。フレイドマールはカワウソの皮をはいで、神々に言った——この皮の中に黄金をつめて、これがひとりで立っていられるようにし、さらに上から金をかぶせて、ちっとも毛皮が見えないようにしたら、それでオッタルの賠償金はよいことにしようと。

オーディンはロキを使いに出して、世界じゅうから、できるだけ多くの金を集めさせることにした。ロキはまず海の底にいるランのところへ行って、この女神の網を借りてくると、それを滝壺の中へ投げた。というのは、滝のそばの岩の中には小人のアンドヴァルが住んでいて、しばしばカマスの姿になって、魚の沢山いるこの川を泳ぎ廻っていることを知っていたからである。

ロキが網を投げるが早いか、たちまちカマスは跳ね上がって、網に捕えられてしまった。そしてロキは、アンドヴァルが岩の裂目《きけめ》に隠している宝をすべて持って来ないうちは、放してやらないと言ったのだ。

小人は彼の持っている黄金を残らず持って来て、ロキの手に渡した。しかしロキは、小人が一つの腕輪をさっと腕の上の方へたくし上げるのを見て、ほかの黄金にそえてその腕輪もよこせと要求した。

アンドヴァルは、この腕輪だけは自分の許に残してくれと頼んで、これさえあれば、たやすく新しい富を作りだすことができるのだからと言ったが、ロキは耳をかさずに、その腕輪まで取上げてしまった。

すると小人は、自分の岩の中へはいって行きながら、声高く呪った――その腕輪と黄金は、誰でもそれを手に入れた者に、死を与えるように、と。

ロキはそれを聞くと、叫び返した。「それしきのことは、おれは心配せんよ。それがおれに向けられた呪いだとしたって、勝手に実現するがいいさ。誓ってもいいが、宝を手に入れる者の耳には、それは鈴の音みたいにひびくだけのことだろうぜ」

彼が帰って来て神々に黄金を見せると、オーディンはその腕輪が気にいって、さっそく自分の腕にはめた。それから彼らはカワウソの皮をみたし、さらに上から黄金を覆ってから、これで身代金は十分だろうといって、フレイドマールに見せた。フレイドマールはカワウソをためつすがめつ見ていたが、口髭《ひげ》が一本とび出しているのを見つけて、これも隠れなければだめだと言った。

そこでオーディンは、一度腕にはめたアンドヴァルの腕輪を取って、これを追加した。これで身代金は、支払いずみとなったのである。

翌日の朝、オーディンは自分の投槍を受け取り、ロキが靴を受け取ってから、ロキが言った。「別れる前に、もう一つ言っておきたいことがある。アンドヴァルはこう言ったぜ――この黄金と腕輪は、それを持つ者の死を招くんだと。このことをお前とお前の一族は、きっと思い知るだろうよ」

これを聞いて、フレイドマールは激怒して叫んだ。「貴様たちのよこした宝物が、完全な和解と友情のためのものでなくて、腹黒いたくらみを隠したものだと知っていたら、貴様たちを生かしてはおかなかったんだが!」

ロキは答えた。「その呪いは、お前とお前の一族で止むのではなく、まだ生れていない首領たちが、その宝をめぐって死をかけた争いをすることになるんだ」

フレイドマールは言った。「さっさとうせろ。おれはおれの生きているかぎり、おれの黄金を守るぞ。貴様のおどかしなんぞ、恐れるものか!」

その後、ファフニールとレギンは、彼らの兄弟に対して神々が払った賠償金の分配を求めた。

しかし、フレイドマールがそっけなく拒否すると、ファフニールは夜の間に剣で自分の父親をさし殺したのである。死の床でフレイドマールは、自分自身の息子に殺される不幸な死を、娘に対して嘆いた。娘のリュングハイドは、父親に言った。「どうしたらわたしたちは、お父さんの死に対して賠償金がとれるでしょうか。姉妹が兄弟に対して復讐ができるものでしょうか?」

すると、フレイドマールは言った。「お前に息子ができなかったら、せめて一人の娘を生め。そしてその娘に勇敢な夫を見つけてやるのだ。そうすれば、その息子がおれたちの悩みに対して、償いをつけてくれるだろうよ」

そのまま、フレイドマールは死んだ。ファフニールは財宝をひとり占めにして、レギンが遺産の分け前を要求すると言った。「これが欲しいばかりに、おれは父を殺したのだ。それをお前におれが分けると思うのか?」

彼はこれを自分で利用することよりほかは、望まなかったのだ。彼はそれを山の上に隠して、自分は竜になってその宝の上に、とぐろを巻いて横たわっていた。

しかしレギンは、デンマークのヤルプレク王の許に赴いて、鍛治《かじ》として王に仕えることになったのである。

ここで物語は、やがてファフニール殺しと呼ばれて、この財宝を手に入れたジグルド（ドイツでいうジークフリート）が、どのようにしてヤルプレク王の許に来たか、彼がいかなる一族の出であるかに移らなければならない（グレンベック『北欧神話と伝説』山室静訳、新潮社）。

自然の知恵——道徳無用の狡猾さ

アメリカ先住民やアイヌの人々の心優しい神話に親しんできたみなさんには、この北欧神話が語り出す世界は、なんとも殺風景に思われることでしょう。なかでも注目すべき相違点として、人間の「貪欲さ」の主題の扱い方の違いをあげることができます。

アメリカ先住民や東北アジアの神話では、貪欲さは人間の乗り越えるべき根源的な悪の一つと考えられていました。食べ物や女性や富を、自分一人で抱き込んで他人に渡さないという態度は、文化の原理で支えられている人間の社会を崩壊させかねない、危険な「動物的行為」だとみなされていたのです。そのために、動物的な貪欲さを発揮する人物が登場してきても、最後にはその人物は野豚や手長猿に姿を変えて、森の奥に消えていってしまうというふうに、語られていました。

ところが、この神話的な物語（素材に新石器的神話が利用されているので、そう呼ぶことにします）では、ことはそう簡単には運ばないようです。どのエピソードでも「貪欲さ」や「富の独り占め」や「狡猾《こうかつ》さ」が重要なプロットになっていて、しかも神々はそうした行為をみずからおこなっても、いっこうに平気なのです。そういう目で、この物語をもう一度読み直してみることにしましょう。

フレイドマールの三人息子の一人、漁の名人オッタルは、カワウソになって魚を採るのが上手でしたが、魚を食べるとき「食物が消えていくのが目に入らぬように」、目を閉じて食べるのが慣わしでした。食べ物を食べるとは、それを歯で破壊して、自分の体に取り入れることです。この破壊と消費を見るのが、オッタルには耐えられなかったのだそうです。

オッタルは採った魚を食べても、それが消費されないまま、自分の体内に「蓄積」されていることを望んでいたと、ここで語られていることのメッセージを解読することができるでしょう。目を閉じて魚を食べているカワウソの姿は、とてもかわいらしいですが、そこには蓄積への欲望を読みとることができます。この蓄積こそ、フレイドマール一家の哲学なのですから、それも当然と言えるかも知れません。

しかし、北欧神話世界きってのトリックスターであるロキの狡猾さは、その上手《うわて》を行くものでした。狡猾さとは、狐やタコやイカやデンキウナギの示す「自然の知恵」の特徴をあらわしています。タコは体色を周囲にあわせて変化させて、狙った相手の目から自分を見えなくしておいて、突然襲いかかる「狡猾な知性」の持ち主として知られています。イカは自分で張った煙幕の中に身を潜めて、敵を狙います。狐のずるがしこい知性については、世界中に知れわたっています。

動物たちは、人間の考える道徳的な善悪などにはまったくおかまいなしに、自然の知恵を存分にふるってみせます。ロキという神様は、だから「自然の知恵」の持ち主として、道徳無用の狡猾さを発揮しているわけです。

黄金の呪い

神々に自分の息子を殺されたことを知ったフレイドマールは、さっそく賠償金を要求しますが、その金額の決め方がふるっています。息子オッタルの死に対する賠償金の額は、息子自身でもあるカワウソの皮を剝《は》いで袋にして、そこを黄金でいっぱいに満たせ、というのです。さっきまでカワウソの体の中に「つまっていた」生命の代償として、その体に黄金をいっぱいに「つめろ」というわけです。

ベニスの商人のシャイロックのやり方が、思い出されます。シャイロックは立派な商人として、人肉と金貨を等価に見立てようとしていますが、北欧の首長は生命と黄金を等価性のもとに計算しようとしています。どうやらこの神話物語の殺伐たる雰囲気のよってきたるところは、アメリカ先住民神話などにけっして登場することのなかった、黄金（金貨）＝貨幣という存在の投げかける、暗い影によるもののように予感されます。

ロキは小人のアンドヴァルに狙いをつけます。アンドヴァルはカマスになって、滝壺のそばを生活の場所としていましたが、岩の割れ目に莫大な黄金を隠していることを、ロキは得意の情報収集によって、すでに知っていたからです。

ロキ
(Dumézil "*Loki*", Flammarion)

アンドヴァルはまんまとロキの計略にはまり、残らず黄金を取り上げられてしまいますが、黄金の腕輪《リング》だけは手放したくないと必死でした。ところがそれも目ざといロキに取り上げられてしまいますと、呪いのことばを吐きかけます。「その腕輪と黄金は、誰でもそれを手に入れた者に、死を与えるように!」。ところが善悪の彼岸を生きているロキには、そんな呪いのことばは、痛くも痒《かゆ》くもありません。さっさと宝物は、神々の首長オーディンのもとに運ばれていってしまいました。

黄金の山を一目見たフレイドマールの心は、魔物に取り憑かれてしまいます。黄金も例の呪いのかかった腕輪も取り上げて、賠償金の問題はこれにて一件落着か、と思えたその瞬間、ロキがとんでもない「負債」をフレイドマールに向かって投げかける行為に出たのです。ロキはアンドヴァルが自分に向かって投げかけた呪いを、黄金や腕輪といっしょにそっくりフレイドマールに手渡してしまいます。そして、呪いはお前の一族を子々孫々に至るまで苦しめるであろうとの予言を残して、さっさとその場を去ってしまうのでした。

呪いはただちに実行に移され、ファフニールは父親を殺して財宝を独り占めにすると、「山の上に隠して、自分は竜になってその宝の上に、とぐろを巻いて横たわった」のです。ファフニールもいずれ殺されるでしょう。しかし、財宝への欲望によって愛を失った一族は、このあともつぎつぎと耐え難い悲劇に見舞われていくのですが、この物語を知って深く感動したワグナーは、それを巨大な楽劇『ニーベルンゲンの指輪』に発展させるのです。この作品は、近代ヨーロッパ人の精神のあり方とその運命を、あますところなく表現した傑作ですが、その発端となった神話物語を見れば一目瞭然のように、主題は「お金」なのです。

「ニーベルンゲンの指輪」の一場面

鍛冶屋と音楽家

ところで、面白いことに、水底に住んで黄金を守っている小人たちの職業は、たいがい鍛冶屋と相場がきまっていました。金床をとんかんとんかんやって、熱く熱した金属の形を変化させる技術者ですね。どうしてそれが富の観念と結びつくのかと言うと、そこには音楽のもつ不思議な能力が関係しています。

鍛冶屋は熱して柔らかくなった金属を叩いて、形をもった製品をつくりだします。それは貨幣とよく似ているのではないでしょうか。貨幣は溶けて柔らかくなった金属の流動体に、王様などの印《スタンプ》が押されることで、流通を許されるものになります。鍛冶屋が扱っているのも、金属の流動体ですし、貨幣そのものがそういう構造をしていますから、黄金の管理者の職業としてはまさにぴったりだったわけです。

それだけではありません。世界中の神話で、鍛冶屋は最初の音楽家として描かれています。これはどうしたことでしょう。音楽も目に見えない、抽象的な流動体を「叩いて」、そこから音を取り出す技だからではないでしょうか。いちばん古い音楽の行為は、おそらく太鼓を叩くことでした。太鼓を叩くことによって、不可視の抽象的な空間から、音のかたまりを文字どおり叩き出そうとして、音楽ははじまったのです。

鍛冶と音楽と貨幣は、こうして深い関連をもっているわけです。ロック・ミュージシャンが体に金属をじゃらじゃらと着けたがる理由も、たぶんそこらにあるのでしょう。流動体を打つ、叩くことによって、そこから粒子を飛び出させる技術者なのだから、金属とのつながりは当然ですし、社会的なヒエラルキーなどを飛び越して、一足飛びに大金持ちになれる職業というのも、音楽家の魅力になっています。私たちの社会のやっていることは、こんなふうに神話的思考から養分を吸い上げているのです。

貨幣が富の観念を変える

古代ギリシャの賢王ミダスは、貨幣というものが発明されたことを知って、これをみずから手にしてみましたが、とたんに恐ろしい予感におそわれて、思わず手にした貨幣を取り落として、こう叫んだと言われています。「この貨幣というものは、大地を殺すであろう」。ミダス王は、貨幣そのものが大地への呪いである、と直観したのです。貨幣は大地を殺す——このことばは、いったいどういう意味を持っているのでしょう。

『ウォルスング家のサガ』において、水中に住む小人の妖精アンドヴァルは、岩の裂け目に莫大な黄金を隠しています。水中の——岩の裂け目の——黄金という神話的な観念から、この講義を聞いてきたみなさんはすぐに、洞窟の奥やテラスのギャラリーに旧石器時代のホモサピエンスたちによって描かれた、動物や豊かな女性の体の絵のことを、思い出すことでしょう。そこでは「富」というものは、自然（ミダス王が大地ということばで言わんとしたことは、この自然のことなのでしょう）のおこなう純粋贈与が現実の世界と交わる交点に出現してくるものとして、消滅のしやすさ、はかなさなどを特徴とした、死と一体となった豊かさとしてイメージされています。ところが貨幣の出現は、そのような富の観念を一変させてしまう力をもっていました。

いったんこの世界に出現した富が、黄金などでできたこの貨幣によって「表現」されるようになりますと、自然のおこなう純粋贈与と贈与の交わる領域に出現していた富は、もはや簡単には消滅しないものとなるからです。贈与社会の人々が、この世への富の発生という問題を考えるときに生み出した「純粋贈与」をおこなう力は、多くの場合、流動する霊力として思考されていました。この流動する霊力に対する直観は、大地や自然についての思考と感覚を培《つちか》ってきたものですが、それがいまや金属の流動体に姿を変えようとしていたのです。

貨幣は溶けた金属の流動体に、王たちがスタンプを押すことによって、価値を表現し、保持する物質に変わります。このプロセスを見ていたミダス王は、そこにいまに世界の姿を一変させてしまうような、由々しい変化の兆《きざ》しを直観したというわけです。表現が現実《リアル》の上に覆い被さってしまうと、たんに現実は見えなくなり、そのうちそんなものは存在しないと思われるようにすらなります。貨幣は交換のプロセスから必然的に生まれてくるものですが、この貨幣によって富が表現され、計算され、保持されるようになると、純粋贈与という「リアル」は殺されて、そのうち誰にも見えなくなってしまうという直観ですね。

じっさい同じ流動体といっても、贈与的な社会の人々がとらえていた霊と、貨幣の土台となる金属との間には、根本的な違いがあります。純粋贈与する力の別名である霊は、社会や知の「外」にあるものなので、その霊力のもたらした贈り物はモノとして社会の中に持ち込むことはできても、富や豊穣さの源泉はけっして社会や知の内部に繰り込まれてしまうことがありません。それは、いつまでたっても「外」にとどまっています。

ところが、貨幣の形態に変態をとげた富は、富を生む源泉をそっくりそのまま社会の内部に持ち込んでしまいます。それまで自然や神のものとして、富の源泉は社会の「外」にあったものなのに、貨幣はそれを社会の内部に運び込んで、いっさいを「人間化」してしまう能力を持つのです。

国家と貨幣がもたらした「革命」

貨幣についておこったのとまったく同じプロセスが、「王」や「国家」の発生の現場でおこっていたことと、瓜二つであることに、お気づきでしょうか。『熊から王へ――カイエ・ソバージュII』であきらかにしたように、国家をもたない社会（たとえば縄文社会のような新石器的な社会がそれにあたります）では、権力の源泉は自然の側にあって、社会の内部にはありませんでした。そのため、社会的リーダーである首長には、およそ強制力というものが与えられていなかったのです。

ところが王と国家が出現するとき、事態は一変してしまいます。王は首長の権力にシャーマンや戦士の機能を合体させることによって、それまでは自然の側にあった権力の源泉をみずからが体現すると宣言することで、権力の源泉を社会の内部に持ち込んで、すべてを「人間化」してしまうからです。王はいったん社会の内部に持ち込まれた権力の源泉を、けっして外に流出させようとはしませんでした。そのために、死と再生のドラマとして演じられる王権儀礼を演出して、何度でもそれを自分

	非国家的社会	国家的社会
権力の源泉	（－）	（＋）
	贈与的社会	貨幣的社会
富の源泉	（－）	（＋）

（＋）は社会の内部
（－）は社会の外部をあらわす

の身体に付着させておこうとしました。

ここから私たちは、重要な結論にたどり着くことになります。国家と貨幣は、新石器時代的な特徴を残していた社会に革命的な変化をもたらすことになった、人類の心の構造の組み換えによって生じたものとして、まったく同じ本質をもっているという結論、これです。

『ウォルスング家のサガ』はその組み換えの途中過程を、なまなましい形で保存しているように思われます。流体である水のたまり場（滝壺）の底に隠してある黄金と腕輪は、富の源泉が自然の内部にあった時代と、貨幣として社会の内部に運び込まれてくる時代との、ちょうど中間の状態をあらわしています。

ときどきカマスに姿形を変える小人のアンドヴァルは、その宝を守っているだけで、富を創造する能力などはすでに失ってしまっています。そして、ロキの狡猾きまわりない知性が、水底に隠されていた宝を、人間の社会に持ち込んでしまいます。するとそのとたん、富を独占しようとする心、利己心、猜疑心、仲間との不和、不信心など、およそ私たちの社会を突き動かしている真の原動力であるすべての悪徳が、世界の表面に吹き出してくることとなるのです。

『ウォルスング家のサガ』や『ニーベルンゲンの歌』を背後から操っているのは、貨幣に秘められた原始的な魔力なのでした。そのことに気づいたワグナーは、富が神々や王や貴族や資本家のような個人的権力によって、独占的に獲得され、蓄積され、停滞していってしまう社会をラジカルに変革して、貨幣化された富が社会の全面を自由に流通できる未来を、楽劇『ニーベルンゲンの指輪』で歌い上げようとしたとも言えるのではないでしょうか。

彼はいまや生まれ出ようとしている共和制に敵対する封建的領主たちの本質を、埋蔵金を隠してため込んでいる神々のメタファーとして、認識していたのでしょう。そして、黄金の腕輪（指輪）の魔力から人間を解放して、すべての富が社会の全域を自由に流通できる市民社会というものを、夢見ていました。リヒャルト・ワグナーはカール・マルクスのまったくの同時代人です。ワグナーはマルクスとは違うやり方で、音楽による「経済学批判」を実践していたのだと思います。『指輪』が生み出そうとしたもの、それは市場経済社会なのでした。

コルヌコピアが聖杯に変わるとき

「埋蔵金」の物語は、流通が止まったまま蓄積されていく富をあらわしています。これは交換のプロセスの中から生まれた貨幣の考えが、古いタイプの魔術的な増殖の思考と直接的に混じり合ってしま

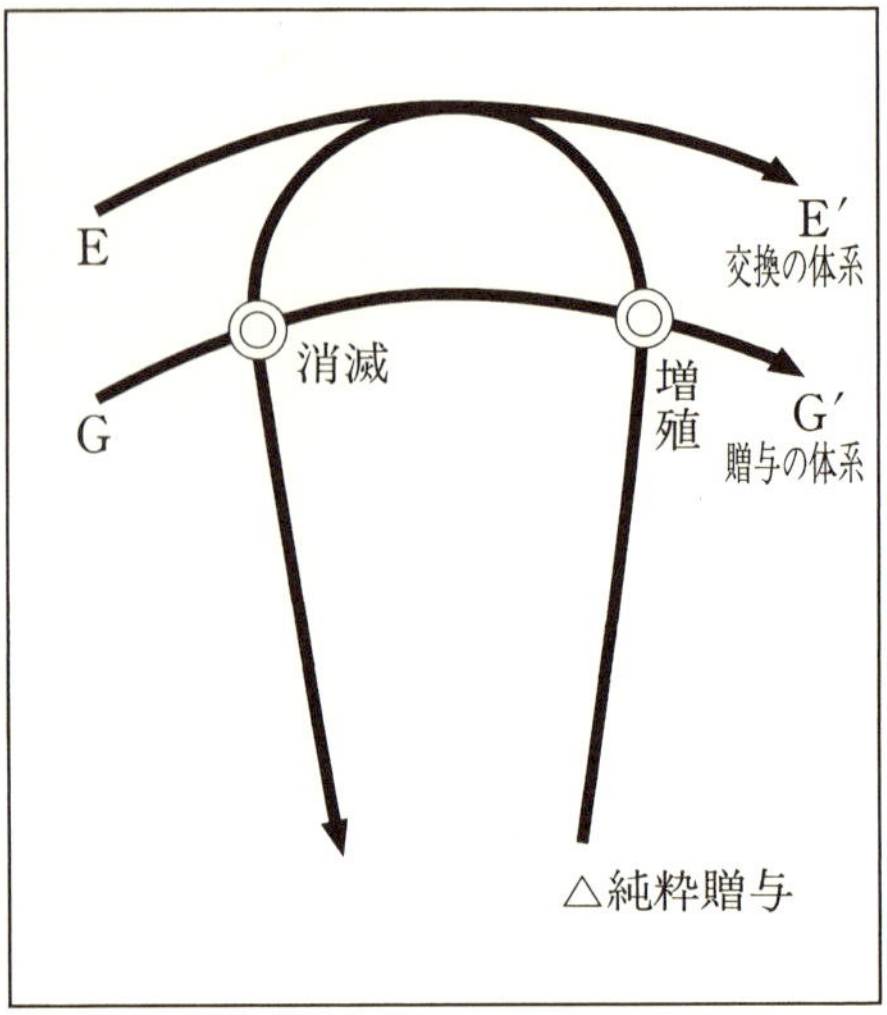

った結果、生まれたものです。
　貨幣の本来の機能は、価値の流通を円滑に、合理的に進めることにありましたが、黄金のような貴金属に王などの刻印が打たれた貨幣はそれだけで、自分自身の力によって富を生む「コルヌコピア」型の増殖性をもつように想像されました。その結果、地下や水中に眠る財宝をめぐる、さまざまな神話的物語は生まれたのです。旧石器時代のホモサピエンスによって洞窟の壁面に描かれた、動物の姿をした原初的な「富」の概念は、貨幣という考え方の出現にそそのかされて、鈍い光を放つ黄金の塊に姿を変えていったわけです。
　交換―贈与―純粋贈与のかたちづくる全体性の中で、このような思考法はどんな形をとることになるのでしょうか。それを右の図で示しておきました。
　純粋贈与の力線は、大きなカーブを描いて交換の体系に触れますが、黄金の塊を頑固な痕跡として残しただけで、交換の体系からすぐに離れていってしまいます。これでは富は退蔵されたままで、その富が商人の手に渡って、社会の広い場所を存分に流通するような事態は、発生できないでしょう。
そこで、つぎの図のような状態が実現される必要がある、と中世のヨーロッパ世界は思考したのです。

こういう状態が実現されるためには、黄金の塊が抽象的な数字や記号のつらなりでできた交換の体系と深く交差していなければなりません。この社会的要請を、ヨーロッパ世界は富の源泉であるコルヌコピアの「精神化」というやり方でみごとに解決して、資本主義への道を切り開いたのです。このために、キリスト教が大きな働きをしています。洞窟の奥から生まれる富の観念から、地下に眠る埋蔵金の観念へと展開していったコルヌコピアの概念は、一二～一三世紀のキリスト教によって精神化されることによって、「聖杯　Holy Grail」の概念へと姿を変えていきました。

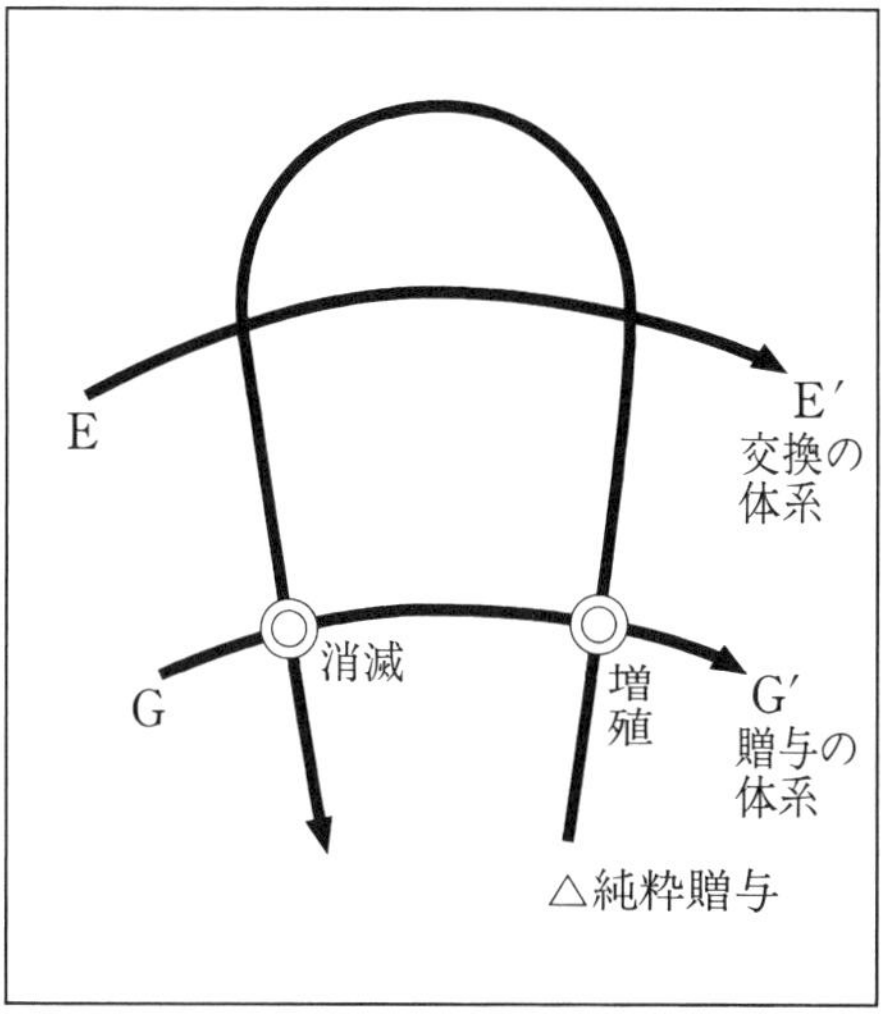

聖杯探求ブームと資本主義の誕生

これについてワグナーがすでにつぎのようなこ

とを書いています(『ウィベルンゲンまたはサガに開示されたる世界の歴史』また、マルク・シェル『貨幣・言語・思考』も)。

中世に盛んに語られていたニーベルンゲンの埋蔵宝物の伝説では、宝の埋蔵されているトポスにおいて、理想と歴史的現実(ワグナーはこれを歴史的現実と考えていました)が、一つに結びついていた。ところが、しだいにこの伝説は人気をなくして、代わって聖杯の伝説がこれにとってかわり、それといっしょに商人階級の力が増してきた。つまり、ニーベルンゲンの埋蔵宝物では一つに結びあっていた理想と現実が、一方は聖杯をめぐる理想化されたトポスともう一方は現実の資本主義経済の基礎づくりへと、分裂をおこしてしまったのである、と。

実際、一二世紀も後半になると、北イタリアや中部フランスを中心に商人の活動が活発化してきますが、不思議なことにそれとともに、聖杯の伝説が人びとの心を強くとらえはじめます。とくに当時、中部フランスの商業都市トロワに来ていた、ユダヤ人出自を噂される改宗クリスチャンのクレチアン・ド・トロワ(トロワのキリスト教徒の意)という詩人によって書かれた『ペルスヴァルまたは聖杯の物語』は、たちまち多くの読者を獲得して、世に聖杯探求ブームを生み出しました。

それにしても、それはまことに奇抜な伝説でした。イエス・キリストが生前に用いたと言われる杯があります。それは一三人の弟子たちと、最後の晩餐をとったときに食べ物を盛るのに用いられ、またイエスが処刑されたときには、十字架上のイエスの身体からほとばしり出る血を受けるのにも用い

聖杯。白のテーブルはアーサー王伝説の円卓を表している
(Lancelot du Lac,)
〔Marc Shell “*Money, Language, and Thought*”, John Hopkins University〕

られました。そして、その杯は弟子や信徒たちによって特別の宝物として守られていましたが、イエスの遺骸をローマ人から受けとって、墓に納めたアリマタヤのヨセフは、イエスの死後ほどなくして、マリアたちをともなって、この聖杯をもってひそかにパレスチナを脱出して、海路マルセイユに上陸したというのです。

マルセイユには紀元前から、すでに立派なユダヤ人コロニーが出来上がっておりましたので、ヨセフたちはここを中心にイエスの教えを広めていきました。そのさいにも、聖杯の存在はまるでキリストの臨在を示すかのように、神々しい光を放っていましたが、長い時がたつとともに、いつしかその聖杯の行方がわからなくなってしまったのです。

しかし、中世の末期になると、いまもこの聖杯は、南フランスかスペインにある城に隠されており、すぐれた徳をもつ「聖杯の騎士」によって安全に守護されているという話が流布するようになりました。この聖杯はすばらしい特質をもつと言われました。古い伝説のコルヌコピアのように、ありとあらゆる願望をかなえて、豊かな富をわき出させるとともに、地上と天上のいっさいの威力と権力を与えてくれることもでき、人々にキリストの説いた真理の恩恵を光りの雨のように豊かに注いでくれる力を、もっているのでした。つまり聖杯は、「精神化された富」を表現するもっとも成功したイメージだったわけです。

非物質化される富

この伝説をケルト伝承の「アーサー王伝説」に結びあわせて、クレチアン・ド・トロワは『ペルスヴァル』という作品を書いたのですが、これを読んだリヒャルト・ワグナーは深く感動して、それをもとにして新しい楽劇を作曲することを思いつくのです。彼にはその物語が、『ニーベルンゲンの指輪』以来自分の追究してきたテーマが向かおうとしていた方向の先を、正確に指さしているもののように感じられました。

ワグナーは、世界を根底で突き動かしている「力と富の源泉」というものを、知りたいと熱望していました。人類最古の富の概念であるコルヌコピアが、どのような形態に発展していけば、人類全体を幸福にできる新しい「力と富の源泉」となれるのか、ワグナーは本気でそれを求めていたのです。

埋蔵された秘宝をめぐる古いゲルマンの神話には、限界があることは、よくわかっていました。黄金のもつ物質性の魔力に取り憑かれた人間は、それをいつまでも自分の手許においておきたいと願い、それを獲得するために血みどろの戦いを繰り広げることになるでしょうから。新しい人間の世界を開いていくためには、そのような富の観念は根本から変革されなければならないでしょう。

黄金でできた貨幣の富を非物質化するのがよいと、この天才的な音楽家は思いついたのです。紀元前三世紀にプトレマイオス三世の鋳造した金貨の表には、無尽蔵に富を産出するというコルヌコピアの絵が刻印されています（上図）。

プトレマイオス三世の金貨（Marc Shell, *Ibid.*）

貨幣はまちがいなく、旧石器時代以来人類の抱いてきた「富の観念」を発達させたものですが、それをもとにして自由な市場経済にもとづく社会をつくりだしていくためには、貨幣に付着して、それに一種の魔力を与えてきた「物質性」を取り除いていく必要があるでしょう。コルヌコピアは「精神化」されなければならない、こう考えたワグナーはさっそく最後の楽劇となった『パルジファル』の作曲にとりかかるのでした。

聖杯城の入り口に立つパルジファル。「ごらん、おまえ。ここでは時間と空間が一つに溶け合うのだ」
(Wagner "*Parsifal*", Rowohlt)

資本主義と聖杯伝説

この「非物質化」によって、貨幣は自分を現実につなぎとめる物質性の絆から解放されて、純粋なシニフィアンに近づいていくことになります。商人たちがひそかに望んでいたように、現実の重みから解き放たれたヴァーチャルな空間の中でおこなわれる経済活動というものに、確実に一歩近づくことができるのです。

私たちは今日、そういうヴァーチャル化した経済活動のもたらしている物によって、逆に苦しめられはじめていますが、富を非物質化するという願望は、旧石器時代のホモサピエンスの脳に「富」の思考が芽生えたその瞬間から、すでに世界にセットされていた方向の一つであったことは、認めなければなりません。そのことを認めて、そこから出発する思考でなければ、ほんとうによいものをもたらしてはくれないでしょう。

ヨーロッパに資本主義が本格的に始動しはじめた、まさにその時代、誰が仕組んだわけでもないのに、突如として「聖杯の伝説」が表に浮かび上がってきました。

まったく人類の無意識はとてつもない予知力を秘めて、無意識のままに思考して、正しく未来を射抜くのですね。音楽による「経済学者」リヒャルト・ワグナーもまた、同じように無意識で思考することによって、未来を確実に予知しています。ことの善し悪しなどは別にして、すべての創造的な思考は、そのようにして進められてきたようですよ。

第五章

最後のコルヌコピア

重農主義と重商主義

コルヌコピアは無尽蔵の富を生み出す不思議な器《うつわ》です。それは三万年の長きにわたって、人類が「増殖」という問題を考えようとするたびに、その時代にふさわしいさまざまなイメージの形をして登場してきたものです。私たちはこれからいよいよ、資本主義がこの増殖の問題をどのように理解してきたのかを考えてみようとしているのですが、そのときにも変形された一種の疑似コルヌコピアが、活発な活動をおこなっている様子を見届けることになるでしょう。しかし、そこではコルヌコピアの本質に、根本的な変化がおこってしまっています。

もっとも現代でも、ジョン・K・ガルブレイスのような経済学者が説いている「豊かな社会」のイメージのうちに、コルヌコピア型の概念の現代的な表現を見いだして、びっくりさせられることがあります。ほんとうにそんな「豊かな社会」は、実現できるのでしょうか。資本主義というシステムの本性から言って、そういうことはありそうに見えません。私たちはこの講義で、「豊かさ」ということばで人間が言い表そうとしてきたことの深層に踏み込んでみようとしています。その視点に立つと、資本主義は人間の心に「豊かさ」をもたらすことのできない根本的な仕組みとして、つくられているように思えるのです。

このことはあまりおおっぴらに語られたことはありませんが、そうだからこそ、近代の経済学はかってもそしていまも、コルヌコピアをめぐる神話的思考からたくさんの養分を、吸い上げようとしてきたのではないでしょうか。「増殖」という問題を、完全に合理的なかたちで理解することは、恐ろしく困難です。そのために、経済学者たちですら、しばしば神話的思考の力に訴えることで、難局を乗り越えようとしてきたのだと思います。

そのもっとも魅力的なケースを、「フィジオクラシー」の理論に見ることができます。フィジオクラシーはふつう「重農主義」というふうに訳されています。「マーカンテリズム（重商主義）」の反対者という意味で、そう呼ばれたわけですが、彼らは富の増殖は貨幣によっておこるのではなく、大地から発生するのだと考えました。そして、聖杯《グレイル》のまわりを信仰厚い人々が取り巻くだけでは、現実の物質的富は発生することはできないけれども、大地にたいして人間が労働をおこなうことによって、大地は豊かな恵みを人間に贈与してくれる、しかも無償の贈与を与えてくれるのだ、と思考しました。

マーカンテリズムの人々は、交換の過程から富の増殖はおこると考えましたが、フィジオクラット（重農主義者）はそのようなことは不可能で、富の増殖には贈与の原理が関わっているはずだ、と強く主張したわけです。しかも彼らは、そこには私たちの言う「純粋贈与」が、決定的な働きをしていると見ていました。フィジオクラシーからほんものの近代経済学がはじまると言われていますが、そこで交換よりも贈与のほうがはるかに大きな意味をもったというのは、なにか不思議な気持ちがします。

一二～一三世紀のヨーロッパで、まばゆい光を放つ聖杯として「精神化」されたコルヌコピアの概念は、一八世紀の大農業国フランスにおいて「経理化」されて、真新しくよみがえることとなりました。革命の勃発を間近にひかえたヴェルサイユ宮殿の一角で、一人の天才的な医師の頭脳に生まれたこの理論をとおして、とてつもなく古い来歴をもつこの概念は、経済学理論の中心部にめざましい進出をとげることとなりました。フィジオクラシーの理論とともに、いまや大地がコルヌコピアなのです。

国富と貨幣量

フィジオクラシーの思想を創造したのは、ルイ一五世の侍医《じい》であったフランソワ・ケネーという人物です。ルイ一五世にはポンパドール婦人という愛人がいましたが、この女性のヒステリーから来る持病の治療をしてあげてから気に入られて、ヴェルサイユ宮殿に一室を与えられるようになったと言います。当時のフランス国家は、宰相コルベールによる重商主義的な基本政策が強い影響力をもっていたため、本来が農業国でありながら農村は荒廃し、国家財政は日に日に苦しくなっていました。

コルベールの考えは、こうです。「一国の富をなすもの、それは正貨の豊富なることである」。

こういう重商主義的な考えをもつ上に、彼はまた極端な国家主義者でもありましたから、それで国民の暮らしが豊かになるからというよりも、「国家の威勢と権力に差を付けるために」という理由で、全ヨーロッパを向こうにまわしての貨幣獲得競争に、全力を注いだのです。

富の唯一の種類が存在するとすれば、それは貨幣であり、すべての国民にとって増やすことも減らすこともあり得ない貨幣の一定の保有量というものがあるということは、人々の確信するところである。したがってそれは一人占めしなければならない（小池基之『ケネー「経済表」再考』みすず書房、から引用）。

コルベールのこんな演説を聞いていると、私たちはニーベルンゲンの黄金を独り占めしようとした、北欧神話の登場人物たちを思い出さずにはいられません。たくさんの貨幣を集めるためには、市場を拡大しなくてはなりません。そのためにうち続く戦争と王室の贅沢によって、フランスの国力は疲れ切っていました。このような危機の時代に、王室の侍医とはいえ一介の医師にすぎないケネーが、真新しい経済の思想をひっさげて、登場してきたのでした。

富を増殖させるもの

彼は医者でしたから、当時医師ハーベイによってあきらかにされた血液循環の理論を、正しく理解していました。体内を血液が循環していくように、有機体として生きているわれわれの社会の経済もまた、大きな規模での循環をおこなっているにちがいありません。静脈と動脈が違う方向に血液を流すように、経済では、支出と収入とによって違う方向に流れていく価値（これはもう一八世紀の話ですから、当然貨幣で換算されるようになっています）の総循環が、有機体の生命を維持していくための「再生産」をおこない、その過程の中から過剰分としての純益が生じて、富は増えていきます。

ケネーは経済の流通を血液として生きる社会が、自分自身を維持（再生産）しながら富を増殖していくプロセスの秘密を知ろうとしました。ケネーは貨幣そのものは富の本体でないことを、よく知っていました。貨幣がいくら増えても、社会の実際の富は少しも増えないのです。それに商人が自分のもっている商品を実際よりも高い値段で売ったからといって、それで社会全体の富が増えるということもありません。こっちで得をする人があれば、向こうでは損をした人が出て、結局差し引きゼロで富の増殖はおこっていません。

職人や工業労働者の仕事も富を増やさない、というのがケネーの考えでした。その仕事は労働を投入して、モノを別の形をしたモノに変形するだけで、実質的な増殖がおこっていないという考えです。ケネーの考える「増殖」は、実際にモノの価値や量が増えなければ意味はないのです。

ケネーは『穀物論』の中で、こう書いています。

工業の労働は富を増殖（multiplier）しない。農業の労働は経費を補償し、農業労働に支払いをし、農業経営者に利得を得させ、しかもそのうえに土地の収入を生産する。工業の加工品を購入するものは諸経費を支払い、労働に支払いをし商人の利得を支払うが、この加工品はそれ以上に何らの収入を生産することはない。……かくて、工業の加工品には富の増殖はない。この加工品の価値はその労働者が消費する生活資料の価値が増すだけであるからである（前掲書）。

たしかにケネーの時代の職人たちは、自分に必要な生活資料をかせぐ以上には、余分な労働をしたりしませんでしたから、彼らが製造するものの価格（基本価格）は、原料の価格＋《プラス》彼らの生活費の価値として決まってしまいました。

高級革カバンをつくる職人の技が評判になり、それでカバンの価格が上がるということもあるでしょう。ヴィトンさんのつくったカバンのようにね。この場合でもヴィトン家の生活は裕福になって、消費する生活資料や贅沢品の価値は増えていくでしょうが、カバンの売上価格が基本価格に等しいという条件は、少しも変わっていません。ここではケネーの言うところの「純生産（produit net）」が、発生していないのです。

「大地の贈り物」＝農業

では、近代社会にとって、真実の「コルヌコピア」はどこに存在するのでしょうか。コルヌコピアは社会の富を増やしていくものですから、再生産のために必要な価値を越える価値、つまり「剰余価値＝純生産」が生まれてくるのでなければなりません。ケネーはそのような純生産を生み出すことのできる能力をもっているのは、自然の大地だけだと考えたのです。

職人や工業労働者の場合には、対象となったモノの上に労働が加えられますが、その労働にこたえてモノが自分の内部から、なにかの価値あるものをまるで「贈り物」のようにして与えてくれることはありません。鉱山で働く労働者は、大地の底から有用な金属の原料を掘り出す作業をおこないますが、この労働は自然が喜んで自分のもつものを人間に与えているというよりも、どこか無理やりに引き出して奪っているという印象を受けます。大地と自然が、みずから喜んで、人間の労働にこたえて何かを生み出しているというケースを実現しているのは、ただ農業だけなのではないでしょうか。

ケネーはこの点に目をつけたのでした。

これに対して「富の創出」を言う場合には、その基本価格を越える売上価値の超過分が問題とされる。「純生産」はまさに「大地の贈り物（dons de la terre）」から引き出される利潤にほかならない（前掲書）。

昔のコルヌコピアは、儀式の歌や踊りや堅固な信仰にそそのかされて、豊かな富（物質的＋精神的）を自分の内部から惜しげもなくわき出させてくる、気前のよさできわだっていましたが、近代になるとさすがのコルヌコピアも、自分にたいして注がれる「労働」なくしては、どんな「贈り物」も贈ってて寄こさなくなりました。いまや魔術や信仰ではなく、労働者のおこなう労働だけが、コルヌコピアを動かし、その恩寵にあずかることを許すのです。

しかし、どんな労働でもいいというわけではありません。コルヌコピアは大昔から、愛のあるふるまいだけを受け入れてきましたが、近代になってもその条件はかわらず、大地への愛ある労働、すなわち農業だけを自分の友であり愛人として認めたのでした。

大地がその近代のコルヌコピアです。農業の「労働者」はこの大地に、繊細な技術をもって立ち向かいます。大地を脅したり、挑発したり、無理を強いたり、搾取したりするのは禁物です。そんなことをすれば、はじめのうちは大地もいやいや自分の中から富の一部を分けてくれますが、そのうちにだんだんと口数は少なくなり、ついには沈黙の春を迎えることとなるでしょう。

も必要です。

ケネーの「経済表」

これまで長い時間をかけて「贈与論」を学んできたみなさんは、そういうのが贈与ではいちばんまずいやり方だということを知っています。愛の行為の場合と同じように、自分のためではなく、まず相手がなにを望んでいるかを知ることが、大切です。贈与では相手を思いやる繊細な心が、なにより

ケネーは労働から真実の純生産＝剰余価値が生まれる条件を探っているうちに、知らず知らずのうちに「贈与論」の思考法に接近していました。彼ははじめての近代的な精密科学としての経済学の原型を、有名な「経済表 Tableau économique」として創造してみせました（次ページ参照）。この図表には、支出と収入の複雑なやりとりのうちから、真実の富が生産される過程が分析されています。

しかしふつうの科学の場合とは違って、この図表には「富の源泉」という、完全な合理化を受け付けない特異点がセットされていることを、忘れてはいけません。あらゆる「源泉」は、科学的な計算の「外」につながっています。ケネーの「経済表」の場合でも、それは「大地の贈り物」と呼ばれる特異点です。まちがいなく、ここにもコルヌコピア型の神話的思考が生きて、せっせと創造的な仕事をしているではありませんか。

経 済 表 [原表第一版]

農業，草原，牧野，森林などによって穀物，飲料，食肉，木材，家畜，手工業商品の原料などのかたちでなされる．一方の支出階級から他方の支出階級への相互的売却は両者で400リーヴルの収入を配分するのであって，このことは各々の側に，補塡される前払の他に200リーヴルを与える．収入400リーヴルを支出する地主は，この400リーヴルから彼の生活資料を引き出す．各階級に配分された200リーヴルはそこで人間1人を養いうる．収入400リーヴルはこのように家長3人を生活させることができる．同様に収入4億は幼児を除き1家族当たり3人からなる300万家族を生活させることができる．生産的支出階級の経費はかくして毎年再生し，その約半分が人間労働と引き換えられる賃金としてあるのであって，これは2億の追加分となり，1人当たり200リーヴルの家長を100万人さらに生存させうるものとなる．このように，土地から年々生まれる6億は，年収入のこの流通・配分秩序にしたがって，1200万人を生存させることができるであろう．

生産的支出　　**収入の支出**　　**不生産的支出**

収入は次のように分割される。

年前払　　**年前払**

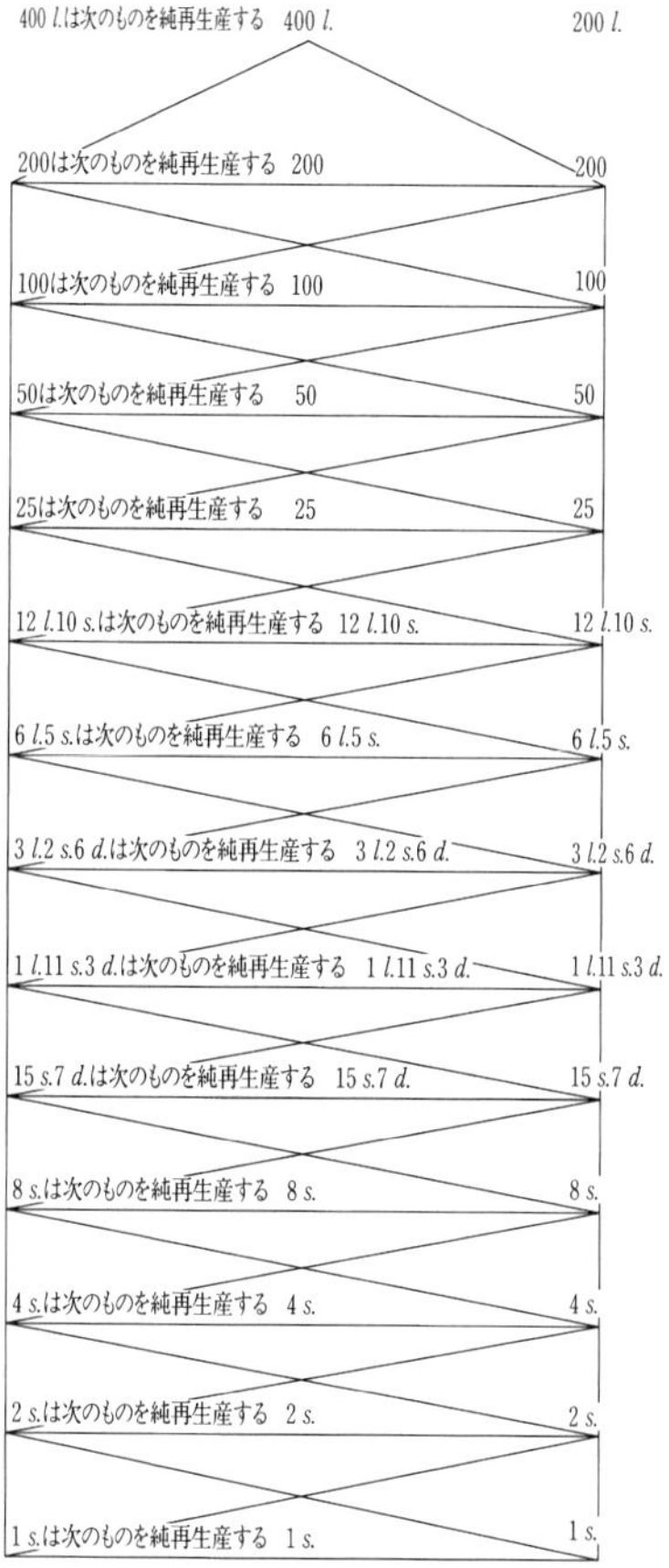

農業経費400リーヴルによって再生産される総収入400リーヴル．

手工業商品，居宅，租税，金利，僕婢，商業経費，外国産製品などのかたちでなされる．収入400リーヴルを配分する一方の支出階級から他方の支出階級への相互的売却．

両階級は一部分を自階級に，他の部分を相互に他の階級に支出する．

流通はこの欄に，400リーヴルをもたらすのであり，そこから年前払200リーヴルを差し引かねばならず，支出のためにここに200リーヴルが残る．

この〔不生産的〕支出階級に転嫁される租税は，もとはといえば，収入と再生産的支出階級とによって，この不生産的支出階級にもたらされているのであって，この階級のなかで行く所がなくなるのである．ただし，再生産的階級に転嫁されるものを除く．この再生産的階級において租税は，この同じ階級に配分される収入と同様の秩序において再生する．だが租税は，地主の収入に対しても，耕作者の前払に対しても，また，消費を差し控えてなされた貯蓄に対してもつねに有害である．後者の二つの場合，租税は破壊的である．というのも，それだけ再生産を減らすからである．還流せずに外国に移って行く租税も同様であり，徴税と支出を司る徴税請負人の貨幣財産となって，滞留している租税も同様である．

ケネーの経済表（平田・井上訳『ケネー経済表』岩波書店参照）

フィジオクラシーに仕込まれた「魔術点」

フィジオクラシーの理論の核心部分には、このように「贈与論」の思考に由来する一つの「魔術点」が仕込んであります。そういう魔術点は、芸術と宗教のイマジネーションが繁茂する豊かな土壌を与えます。実際そのために、ケネーの周囲に集まって「フィジオクラット（重農派）」を形成した人人の中には、ひどく芸術的・宗教的な表現を好む人たちも出てきました。現実に政治にも大きな影響や力を及ぼす、科学的な経済思想でありながら、「贈与論」的な土台に立つ経済理論として、それは人に敬虔《けいけん》な気持ちをかきたてる不思議な力があるようです。それはたぶん、ミレーの絵が現代の私たちにあたえる感動に近い、敬虔の気持ちなのでしょう。

たとえば、ケネーの思想の熱烈な共鳴者であり、『人間の友』という当時の大ベストセラーを書いたミラボー侯爵は、情熱にあふれる文体でつぎのように書いています。このミラボー侯は有名な革命家ミラボー伯爵の父親にあたる人です。

農業は母なる職業であり、自然から真に賛美され大切にされた唯一のものである。というのは、そこでなされた数日の辛苦《しんく》の報酬として、自然はまるまる何ヵ月もその仕事のために働いてくれる唯一のものだからである（ミラボー『人間の友』一七五九年）。

農業、それは神の創始にかかる製造業であり、そこでは工場主は、あらゆる財貨、あらゆる富の生産者そのものたる、自然の創造主を協力者としている。創造主がその創始以来農業に恵みをあたえた生産的な、活力あふれた活動は、他のすべての労働をさしおいて、農業に豊穣を保証する。

かかる「自然の贈り物」は「自然」が無償でこれを生み出すなるがゆえに、なんらの費用も要しないものであり、したがってその「基本価格」に何ものもつけ加えるものではないけれども、「売上価値」をもつことになんの変わりもない。かくて、そこに「純生産（純収益）」が生み出され、しかもそれは「大地の贈り物」なるがゆえに、土地所有者に帰する（ミラボー『農業哲学』一七六四年、どちらも『ケネー「経済表」再考』より）。

さすがに冷静な医者であったケネーはここまでのことを主張しようとはしませんでしたが、詩人的な想像力に恵まれた政治的思想家を刺激して、このような表現をほとばしらせることとなりました。ミラボーの表現はたしかに過度にポエティックです。

しかし、農業という産業そのものに、ポエティックな本質がひそんでいるようにも見えます。詩的な想像力と贈与論的思考は、深いつながりをもっています。フィジオクラシーは農業の中から、その本質をなすものとして贈与論的な構造を、大きく浮上させたものですから、必然的にその理論には詩的な特質が宿ることになっています。つまり、ミラボーの表現も間違いではない、ということです。

宮沢賢治の農業論

実際、農業には、このような贈与論的思考を引き寄せ、そこから芸術的・宗教的な表現を人に生み出させる力がひそんでいるようです。しかも、そこでは贈与の原理の極限に出現する純粋贈与の原理を、たしかなイメージとして造形する能力もひそんでいます。「大地」や「自然」という形で、純粋贈与の原理の働くトポスを、実体としてとらえることができるからです。そこからさらにもう一歩奥へ踏み込んで、その「大地」や「自然」を神様の活動の表現ととるようになれば、まちがいなく宗教の思考がはじまります。しかし、その手前にとどまりつづければ、芸術の創造が可能となります。いや、そこでは宗教と芸術の違いなど、たいした意味はもたなくなってしまうでしょう。

私たちは宮沢賢治の諸作品のうちに、そのような表現の最高の産物を見いだすことができますが、前にもお話しましたように、そのことは彼のうちで活動を続けていた神話的思考の卓越した能力と無縁ではありません。神話的思考は人間と世界（ここには動物も植物も鉱物も含まれるでしょう）との間に「対称性」を実現しようとしますが、対称的な関係にあるもの同士が「たましい」の交わりをもとうとすれば、当然そこには贈与の原理にもとづく結びつきが発生するはずです。交換は「たましい」の交わりを破壊します。だから、神話的思考を動かすのは、贈与の原理でなければならないのです。

その意味でも、神話的思考と贈与とのあいだには、密接なつながりがあります。宮沢賢治の農業論を見てみましょう。これは『農民芸術概論綱要』の中の文章です。

會つてわれらの師父たちは乏しいながら可成楽しく生きてゐた
そこには芸術も宗教もあった
いまわれらにはただ労働が　生存があるばかりである
宗教は疲れて近代科学に置換され然も科学は冷く暗い
芸術はいまわれらを離れ然もわびしく堕落した
いま宗教家芸術家とは真善若くは美を独占し販るものである
われらに購ふべき力もなく　又さるものを必要とせぬ
いまやわれらは新たに正しき道を行き　われらの美をば創らねばならぬ
芸術をもてあの灰色の労働を燃せ
ここにはわれら不断の潔く楽しい創造がある
都人よ　来ってわれらに交われ　世界よ　他意なきわれらを容れよ

（「農民芸術概論綱要」『宮澤賢治全集12』筑摩書房所収）

私たちの身のまわりでは、最近は交換の原理の合理性を持ち上げようとする声よりも、むしろいったんは失われかかった贈与の原理にもとづく活動をよみがえらせようとする声を、よく耳にするようになりました。自然農法や有機農法のサポーターたち、里山運動の活動家たち、ディズニーランドの前にトマトの山を築きあげて農作物輸入に抗議するフランスの農民活動家たち、ピンからキリまでのニューエイジの末裔たち、各種のNGOボランティア活動家たちの考え方……、政治性をおびたものから純然たる精神性の運動まで、大きな幅をもった活動領域で、形を変えたコルヌコピアの思考は、三万年もの時間を越えて、いまも侮《あなど》りがたい存在として、生きつづけています。

労働の贈与と純粋贈与する大地の出会い

フィジオクラシーの思想をじっと観察してみますと、そこで人間と自然の側からの働きかけが、双方から同時におこることによって、真実の剰余価値である「純生産」が発生している様子が、よく見えてきます。

人間は大地に労働を注ぎます。もっとも労働と言っても、農業がいまのように機械化される以前には、それはたいへんに繊細な技術でした。大地に無理をさせないで、もっとも効率よく収穫が得られるように、農民たちは細心の注意を払っていたからです。農民は当然のことながら、自分たちの労働に見返りがもたらされることを期待しています。このように人間のほうから見ますと、人間と自然の間には贈与の原理にもとづく関係がなりたっていて、労働も一種の贈与としてとらえられています。

　これに対して、大地や自然は、純然たるモノ＝マテリアルとしてのふるまいをします。人間がいくら自然や大地を擬人化したり、神の象徴として思考しようとしても、モノである自然は、人間に対してはどこまでいっても「他者」にほかなりません。この他者が、人間の労働を受けると、喜んで自分の内部からふんだんな富を取り出してきて、それを人間に無償で贈与してくれる、こんな風にフィジオクラットは思考しています。この意味でも、大地と自然を純粋贈与のトポスとして理解することができるでしょう。

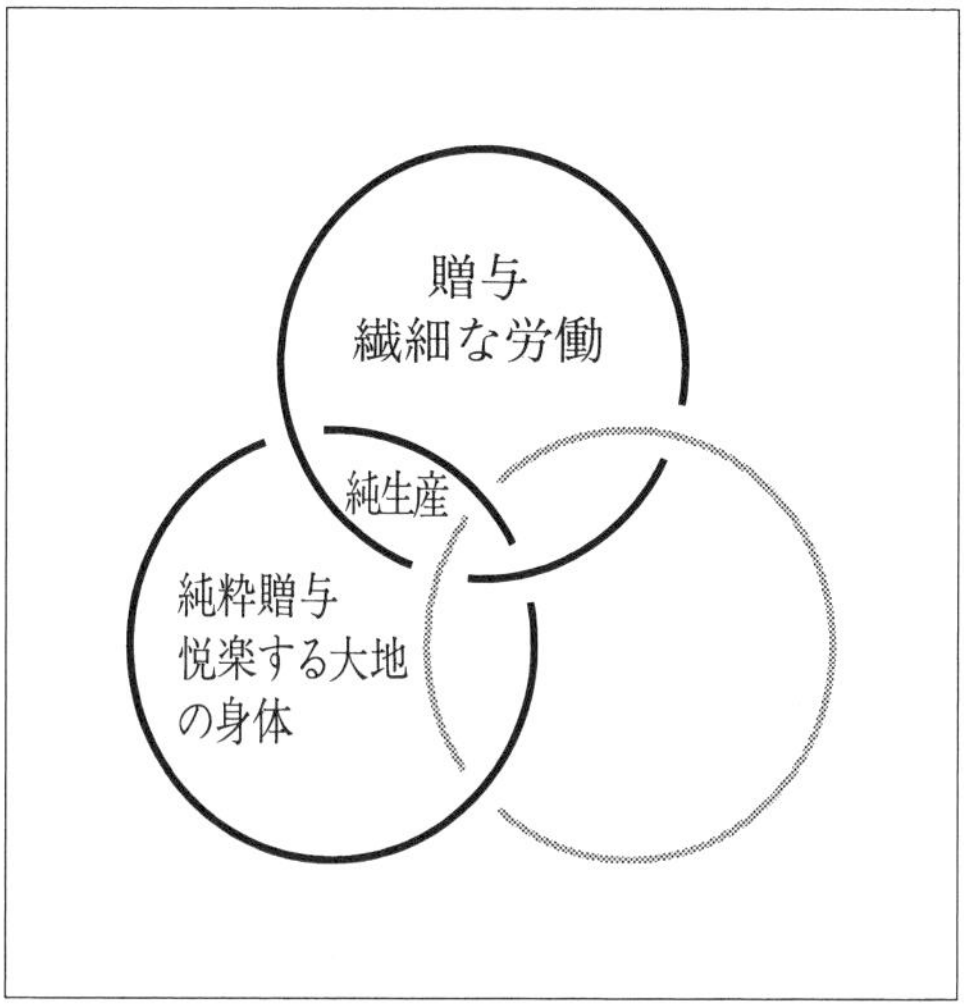

　労働の贈与と純粋贈与する大地の力とが出会い、交わり合うところに、「純生産」は出現します。人間の繊細な技術にもとづく労働を受けて、大地という身体《からだ》は喜び、悦楽し、そのとき増殖がおこり、真実の剰余価値は発生するのです。

他者の悦楽

ここで大地が「喜ぶ」とか、「悦楽する」などというエロティックな比喩を用いたのは、別にミラボー侯爵の華麗なレトリックの影響を受けたからだけではありません。思考の構造としてとらえるとき、「純生産」の発生をめぐるフィジオクラシーの思考が、精神分析学者ラカンの提唱した「他者の悦楽」というものとそっくりであることを、強調したかったからです。

ラカンは心の構造を、(1) 生後間もない幼児の、母親の身体とのつながりをもとに、イメージを核にして形成されてくる「想像界」(2) ことばの体系を受け入れることによって、去勢され社会化された私をつくりだす「象徴界」(3) そこではなにもかもがモノとしてのふるまいをする心の唯物論的な層とも言うべき「現実界」、という三つの領分で構成されていると考えました。

面白いことに、ラカンによるこの心の構造の三つの領分は、私たちが全体性の運動としての「経済」の中に見いだしてきた (1) 贈与 (2) 交換 (3) 純粋贈与という三つの原理または領分の構成と、みごとに重なりあっています。その理由は、あとで詳しく説明をするつもりですが、この重なりあいの中で、「他者の悦楽」と「純生産」とは、まったく同じ場所に生まれてきます。

「他者の悦楽」は想像界と現実界が交わるところに発生します。人間の身体内部から、モノとしてマテリアルな力として突き上げてくる純粋な力(内部欲動)が、想像界の壁に突き当たって柔らかく崩れるとき、この悦楽は発生するのです。

イメージでできている想像界は、四方八方からやってきて自分を突き抜けては悦楽していく現実界の力に対しては、なんの否定性も加えようとは思いません。現実界からわき上がってくる力を苦しめたり、歪《ゆが》めたりせずに、相手をそっくりそのまま受け取り、抱き取った上で、自分の身体の上で悦楽してほしいと考えています。

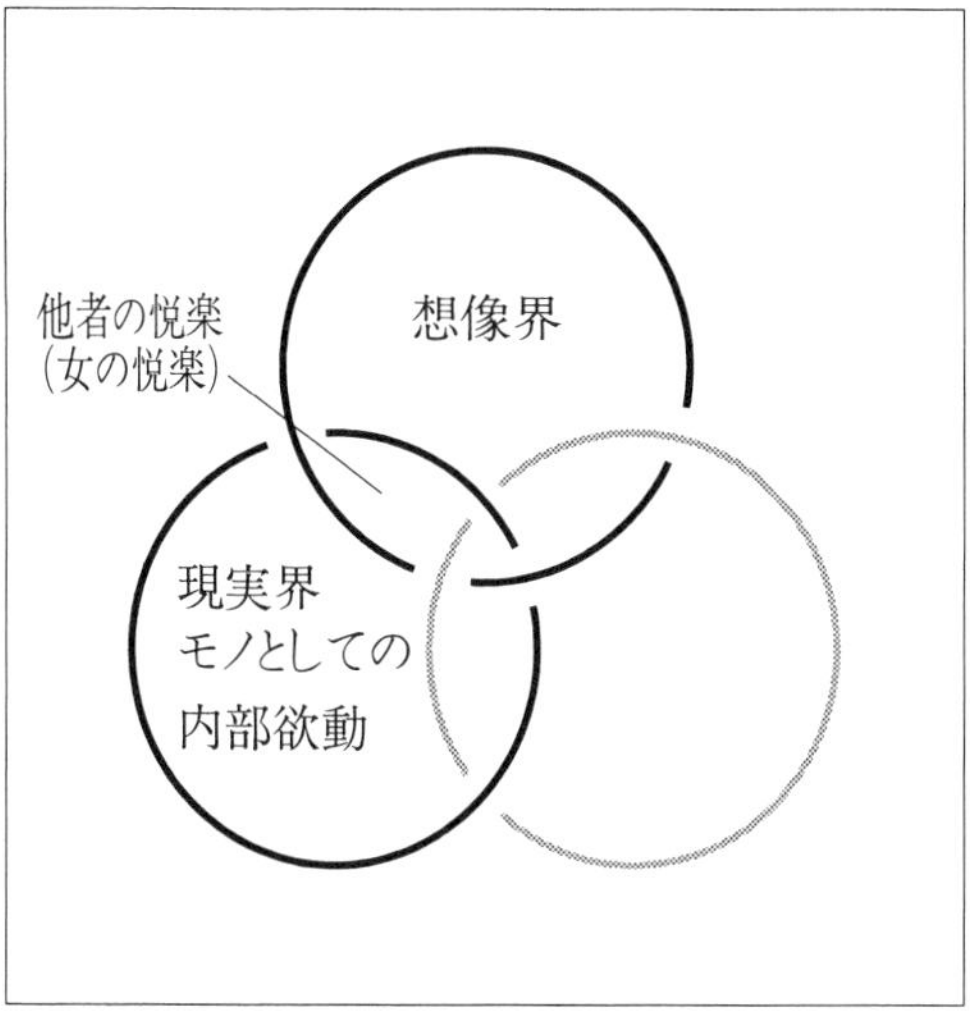

このようなところから、ラカンは「他者の悦楽は女の悦楽である」と語っています。女性の身体が全身で他者を許容し、受け入れるときに発生する、宇宙的な悦楽のことを言っているのでしょう。

農業が解体された世紀

フィジオクラシーはあきらかに、剰余価値＝純生産の発生をこのような「女（母）の悦楽」の構造でとらえようとしていると思われます。

農民の労働には、大地に対するある種の受動性を認めることができます。大地（純粋贈与のトポス、現実界）の働きにあまりに人工的な手を加えてしまいますと、大地は十分な産出をおこないません。そのために農民の知恵では、大地にあまり否定や過重を加えない介入だけで、満足しようとするのです。このとき、大地は喜んで、コルヌコピアたる自分の体内から豊かな富を生み出し、人間に剰余価値の贈り物を与えます。

だから、農民の大地はいつも「女性」や「母」として、語られてきたのでしょう。農業の労働には、労働としてそれがどんなに苦しいものであっても、不思議な喜びの感覚がついてくることを、多くの人々が証言しています。それは農業労働をおこなっていると、知らず知らずのうちに、悦楽する大地の身体《からだ》と一体になっている瞬間を、体験するからなのでしょう。自分の身体の表面に突き刺さってくる、農具の刃先を優しく受け取りながら、このときコルヌコピアとしての大地は悦楽しているのです。

思えば農業こそが、最後の「コルヌコピア」型の産業であったのではないでしょうか。二〇世紀という時代は、数千年の歴史をもつ一大産業としての農業が、世界的な規模で解体に向かっていった時代として、未来の歴史学者たちに記憶されることになるでしょうが、それによって人類がなにを失ったのかを正しく理解する作業は、まだほとんど手つかずの状態におかれています。

第六章

マルクスの悦楽

ょう。

マルクス、「愛」を語る

カール・マルクスが若い頃に書いた『経済学・哲学手稿』という文章を、いっしょに読んでみましょう。

みなさんはマルクスという人は、『資本論』のような難しい本ばかり書いていた、いたってお固い思想家だと思い込んでいるかも知れませんが、この文章を読めば、そんな考えが間違った先入観だったことに気づくでしょう。なにしろそこには、「愛」ということばが、恥ずかしげもなく乱発されています。しかも私たちにとって感動的なのは、愛を贈与論的な本質をもつものとして、彼が思考しているということです。

人間を人間として、また世の中にたいする彼のあり方を人間的なあり方として前提するならば、きみは愛をただ愛とのみ、信頼をただ信頼とのみ、等々、交換することができる。……きみが愛することがあっても、それにこたえる愛をよび起こすことがないならば、換言すればきみの愛が愛として、それにこたえる愛を生み出すことがないならば、きみが愛する人間としてのきみの生活表現によって、きみ自身を、愛された人間たらしめることがないならば、きみの愛は無力であり、一つの不幸なのである（一八四四年の手稿、『マルクス・エンゲルス八巻選集』第一巻、大月書店)。

これは「お金」というタイトルで書かれた文章の一部で、貨幣というものがいかに人間同士の関係を「転倒」してしまうかについて論じた最後に、こういうことばが書きつけられています。お金は人間関係を転倒してしまう力を秘めています。長い間友人同士だったものが、間にお金が介在することによって、友情はたちまち敵対に変わり、誠実は不誠実に、愛は憎しみに、徳は悪徳にひっくり返っ

『資本論』の表紙

てしまいかねないことを、私たちも体験でよく知っています。そういうお金のもつ否定力を打ち破ることができるのは、ただ愛の力だけだとマルクスは語るのですが、ここに語られていることが、じつは「贈与」の問題にほかならないことを、この講義を聞いてきたみなさんはすでにお気づきでしょう。

贈与論的な土台の上に

マルクスは書いています。「きみが愛することがあっても、それにこたえる愛をよび起こすことがないならば、換言すればきみの愛が愛として、それにこたえる愛を生み出すことがないならば」、その愛は無力であり、不幸でしかない、と。

自分自身を愛するのではなく、ほかの者を愛することによって、かえって自分自身が愛される人間になるというマルクスの描く愛の本質は、まさに贈与としての愛以外のなにものでもありません。人間は本来、そうやってたがいに愛し合うことができる生き物なのに、その間に貨幣が侵入してくると、とたんに愛の流動がストップしてしまう、愛の贈与的な本質が、交換の原理によって混乱させられ、転倒されてしまうからだ、と彼は考えています。

『資本論』に結実していくマルクスの思考は、その出発の時点では、贈与論の思考をあらわに表に出しながら展開されています。その傾向は後になるとだんだん背後に退《しりぞ》いていって、とうとう見えなくなってしまうのですが、それでも彼の思考の骨格全体は、最後まで贈与論的な思考によって根底から支えられ、たしかな土台をあたえられているように、私には思われてきました。そうでないと、ただの科学的情熱だけでああいう研究が進められたということになりますが、そんなことはとうてい信ずることができません。今日はひとつ、そのことを証明してみようと思うのです。

疎外された労働

フィジオクラットと呼ばれた人たちが、農業という産業形態を称揚したのは、労働する農民と労働対象である大地との間に、たんなる主体―客体の関係を超えた「人格的結合」とでも呼べるような絆ができ上がっていて、その絆のせいで、生産そのものを一種の「贈与」としてとらえるような思考と感覚を育てていたという点にありました。こういう絆は、その土地を所有し、耕作しているというだけでは、自然に発生できるものではありません。社会主義国の農民たちが、集団化された大規模農場で働くようになってから、大地やそこでおこなわれる農業という仕事そのものに対する熱意を、急速に失っていった例などを見ても、そのことがわかります。

マルクス風に言うと、そこには不毛ならざる「愛の関係」がなりたっていたのだと思います。少し大げさな言い方をすれば、農業が理想的な状態でおこなわれている社会では、農民は大地に愛を注ぎ、大地はそれにこたえて豊かな富を贈与してくれるという幻想が発生しやすかったし、それほどに労働とその対象との間に、たんなる自然の富の取り出しというのにとどまらない、豊かな創造的関係がつくりあげられていて、そこから大地に対する愛の関係が生まれていたのでした。

ところが、マルクスの観察していた近代産業の発達した社会では、労働する人間と彼を取り囲む世界との間には、とてもこんなふうな親密な関係を見いだすことはできないように思われました。工場労働者は毎朝工場へ出かけていきますが、そこで彼を待っている製造機械は、もともと自分の所有物でもないし、感情的なつながりの生まれにくい、どことなく冷たい態度で彼を迎えてくれるでしょう。そこでせっせと労働して、機械はたくさん製品をつくりだしていきますが、それもまた彼の所有物ではなく、はじめからその工場全体の所有者である、別の人物または集団のものになることが運命づけられています。マルクスは、近代産業の現場でおこっているこういう事態を、「疎外された労働」として理解したのです。

さきほども紹介した『経済学・哲学手稿』というテキストの別の場所で、彼は近代産業が労働とその対象との関係を、どのようにつくりかえてしまったかを、詳しく分析してみせています。大地を耕作する農民は、けっしてそこの空間で「よそもの」ではありませんが、近代産業の労働者は、自分たちのことを待っている工場の機械や、自分たちのつくりだした製品や、自分たちの身体の動かし方・使い方・しゃべり方にいたるまですべてが、自分は生活のために働いているけれども、そのために活動しているこの環境は、彼が心からなじむことのできない、「よそもの」感をあたえているなあ、と感じさせる性質をもっています。彼はこう書いています。

かくて疎外された労働は……人間の類的本質を——自然をも彼の精神的な類的能力をも——彼にとってのよそものたらしめ、彼の個人的生存の手段たらしめる。それは人間から彼自身の体をも、彼の外なる自然をも、彼の精神的本質、彼の人間的本質をも疎外する……人間が彼の労働の産物、彼の生活活動、彼の類的本質から疎外されていることのひとつの帰結は、人間の人間からの疎外である……総じて、人間が彼の類的本質から疎外されているという命題は、ひとりの人間が彼ならぬ他の人間から、また彼らのおのおのも人間的なあり方から疎外されていることを意味する（『経済学・哲学手稿』）。

断ち切られる回路

この文章については、昔からさまざまな取り組みや解釈がおこなわれてきましたが、私たちはそれを、この講義で展開してきた、これ以上はないと思われるほどに拡大された、「経済」の概念のトポロジーの中で、考えなおしてみることができるでしょう。

労働に「疎外」という現象が生まれるのは、労働のプロセスの中に、分離や切り離しや非人格化といった否定的な原理が介入してくることによっておこります。

職人の仕事場を思い浮かべてみましょう。そこにはたくさんの道具類が並び、素材となる木や土や革や食材なども用意されていて、職人はそれらを使って、新しい作品をつくります。そのとき使っている道具に、職人さんたちはひどく愛着をもって使い込んでいるものですし、働いている環境もたとえ自分の所有物ではなくとも、いたるところに彼の「息が吹き込んである」とでも言いますか、とにかく人格的な息吹の吹き込まれた環境の中から、人格的な息吹の吹き込まれた作品が生まれるのです。これは労働する人間とモノとの間に、「愛のある関係」があると言うことができるでしょう。

そういうことが、均質な製品の大量な生産を目的とする近代的な工場では、おこらないのです。いたるところで、人間と世界との分離がおこっているからです。労働者は自分の「息を吹き込もう」にも、そんなものがモノに流れ込めるような回路はすでにいたるところで閉ざされていることに、すぐに気づかざるをえないでしょう。

昔の「グノーシス主義」と呼ばれたキリスト教徒たちは、自分がまったくなじみのない、見知らぬ世界に投げ込まれてしまっているという疎外の感情を抱いて、そこからの精神的な脱出を図ったものでしたが、マルクスの考えでは、近代の労働者たちもちょうどそのグノーシス主義者と同じような潜在的な疎外の感情を抱いているので、そこからの現実的な脱出をめざす運動へと、飛び込んでいきやすい性質をもっていたわけです。

これが「贈与」と「交換」という二つの原理の間におこったことと、まったく同じ仕組みでできていることに、みなさんはお気づきでしょうか。贈与の原理にもとづく人間とモノ、人間と人間の関係には、ある種の人格的な性質をもった力が流れていました。贈り物にはそれを贈る人の「息が吹き込まれていた」とでも言いますか、実際にそれを「贈り物にはマナ（霊力）が吹き込まれている」と言うふうに表現する人たちもいたくらいですから、贈与的な原理の生きている世界では、深刻な「よそもの」感は生まれにくかったのだと思われます。

交換は人間とモノとの間に発生していたそのような絆を断ち切って、人間とモノを分離した上でなければ、作動できない仕組みになっています。つまり、交換にあっては、否定性ということを媒介にしなければ、モノの流通をとおした人間関係は生まれません。その反対に、贈与ではこのような否定性が働きだすのを寸前で抑えて、なるべく肯定的なものだけが流動できる条件をつくりだそうとしています。

マルクスの最大問題へ

このような贈与と交換の関係とまったく同じものを、私たちは「疎外された労働」の現場に見ることができます。労働のプロセスの中には、いつでも否定的な力が忍び込んできますが、フィジオクラットや近代のトルストイ主義者たちが讃えた農業や、さまざまなクラフト（民芸）運動の実践家たちがあこがれていた職人的な手仕事の世界には、否定性がなかなか入り込めないような、繊細な配慮が施してあったものです。そういう労働の世界には、まだ贈与的な原理が生きていた、と言うことができるでしょう。

しかし、近代産業が発達させた労働のスタイルは、さまざまなタイプの否定性によって、基礎づけられています。そこで働いている分離や切り離しなどを、交換の原理の別の現場でのあらわれとして理解することができます。そういう世界には「愛のある関係」が生まれにくくなっています。ということは、そこでは贈与のもたらすものが、なにかを増やしていくということがおこらないわけです。

フィジオクラットは「自然のおこなう無償の贈与」が、農業の現場では実際の価値増殖をおこなっていることをあきらかにしましたが、では、贈与＝愛＝増殖という連鎖反応の発生することのできない近代の資本主義的な仕組みの中で、いったい価値増殖はどのようにしておこるのでしょうか。マルクスの取り組んだ最大問題が、これでした。

価値増殖のトリック

工場の内部では、「自然のおこなう無償の贈与」などは、まったくおこりえないのですから、価値の増殖はまるで「手品のようにして」おこるのでなければ、発生できません。いま何気なく手品と言いましたが、これは比喩以上の意味をもっています。だいたい手品というものは、「無からの有の創造」を面白く演じてみせるものでなければなりません。

いいですか、私が手にしているこのシルクハットの中は、ごらんのようにからっぽです。お疑いならば、ご自分で調べてみてくださいな。ほら、なんにも隠していなかったでしょう。さて、このシルクハットにこうしてハンカチをかぶせて、短い呪文を唱えます。すると不思議不思議、シルクハットの中からは万国旗から卵から、兎から山羊から（なんですって！）、ありとあらゆるものがつぎつぎとあらわれてくるのです。どうです。これこそ現代のコルヌコピアではありませんか。無から有が生まれてくることだって、ほんとうにおこることなのですよ（ちなみにこの種の手品は、昔から「コルヌコピア」と命名されることがあったようです）。

シルクハットから出てくる兎
（©PPS）

このような手品とよく似たプロセスで、資本主義における価値増殖が発生することを、マルクスはあきらかにしてみせました。のちほど、その手品の仕組みを、エンゲルスの巧みな口上によって説明してもらうことにしましょう。

私がまだ学生の頃は、たいていの学生がこの価値増殖の「トリック」についての知識を、多少とも は知っていたものですが、いまではその手品に対する関心そのものが失せてしまったのか、それとも手品が手品とは思われないほど、世界全体が上手な「(マ)トリック(ス)」でおおわれてしまったのか、自分たちの生きている資本主義を動かしている「手品」への関心は、急速に失せています。しかし、それが現代のコルヌコピアの一(偽)形態であることをすでに知っているみなさんは、きっとエンゲルスの説明にも、興味をもって耳を傾けてくれるでしょう。じっさい、それは巧妙な手品なのです。

「労働力」という特別な商品

前にもお話ししましたように、私たちの社会では、交換の原理がゆきわたっていますから、価値の増殖は「贈与」や「純生産」ではおきません。また貨幣の運用がうまくて、儲ける人がいるからといって、それで社会の総価値が増すわけでもありません。フィジオクラットが主張したように、貨幣そのものからは、価値の増殖はおきないのです。そうなると貨幣ではなく、貨幣のもとになっている「商品」というものがもっている性質へと、目を転じてみなければなりません。

商品にはそれの売買のプロセスであらわになってくる「交換価値」と、買い入れた商品を消費することによってえられる「使用価値」との、二つの側面が含まれています。価値の増殖という不思議な現象は、交換の過程でおきそうもないのなら、きっと商品の消費という場面でおこらなくてはならない、ということになるでしょう。その商品が「労働力」であることをマルクスは発見しています。この特別な商品は、維持するのに費用がかかる反面、そこから手品のトリックのようにして、新たな価値が増えることができるという不思議な能力を秘めています。

一日の労働で疲れた労働力が、翌日には回復して、いつものように働くことができるためには、それを再生産するための費用が必要です。これが賃金として支払われ、この特別な商品は資本家によって買い取られたことになります。そして、この商品を消費することによって、実際に価値の増殖がおこるのです。そこでエンゲルスは語ります。

労働力の一日の使用によってつくりだされる価値が、労働力自体の一日分の価値の二倍の大きさであるということは、買手にとって特別の幸運ではあるが、商品交換の法則からすれば、けっして売り手にたいして不法ではない。だから、労働者は、われわれの仮定にしたがえば、貨幣所有者に日々六時間分の価値生産物の失費をかけるが、しかし彼は、貨幣所有者に日々一二時間労働分の価値生産物を提供する。貨幣所有者の手にはいる差額は、——六時間分の不払剰余労働であり、六時間分の労働が体現されている不払剰余生産物である。手品は仕上がった。剰余労働はつくりだされ、貨幣は資本に転化したのである（『反デューリング論』村田陽一訳、大月書店）。

商品の交換についての規則が完全にでき上がっている社会で、コルヌコピアにもよらず、「自然の

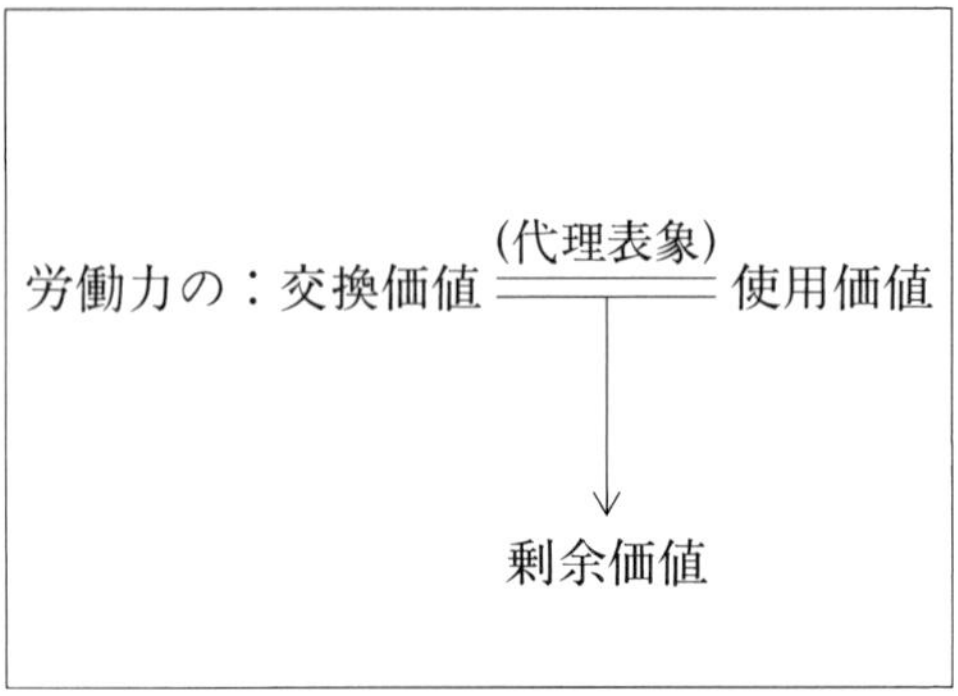

おこなう無償の贈与」にもよらないで、「純生産（剰余価値）」を生み出すためには、多少の、しかしじつに巧妙に仕組まれた「手品」が必要となる、とマルクスは考えています。

労働者がもっている労働力という商品には、交換価値とともに使用価値があります。交換価値というのは、その労働力が明日もまた回復していることを保証する、食べ物や住居や家族の養育など、労働力の毎日の維持費のことを指しています。これにたいして、貨幣所有者（資本家）が用意しておいた機械設備を使って、その労働者が毎日おこなう労働力の支出のことを、その使用価値と呼んでいます。資本家は、この労働力の交換価値でもって、それの使用価値を「代理表象」する、そのことによって剰余価値を生み出している、というのが、マルクスのおこなった発見なのでした。

資本主義において価値の増殖は、表象の「トリック」によってつくりだされます。労働力の再生産のために必要なその交換価値のほうは、そのときどきの物価や景気にあわせてきめることができます。これにたいして労働力の使用価値のほうは、つかみどころのない可塑《かそ》的な性格をもっています。

そこで労働力の使用価値を交換価値で代理表象しても、誰もそこでトリックが働いていることに気づかないうちは、文句を言う人も少ないでしょう。しかし、労働力の使用価値は、交換価値をはるかに上回っています。そこで交換の原則を少しもおかすことなく、労働の過程の中から、価値の増殖がまったく合法的に発生可能なわけです。

笑いと資本増殖

ですから、資本主義のおこなう価値増殖は、「笑い」の生理作用ととてもよく似ているといえるでしょう。これは哲学者ベルグソンのあげている例ですが、紳士がひとり、非のうちどころのない身ごなしで通りを歩いている、ところが地面に捨ててあるバナナの皮に彼は気がつかない、すってんころり、それを見ている人々は大笑いする、というのんきな場面を考えてみましょう。

紳士のきちんとした身ごなしを見ている人たちは、自分の神経組織の内部にもある種の緊張をつくりだしていて、心的エネルギーは抑制されながら、媒介された回路を通って流れています。この状態では、始めと終わりがゆっくりと媒介された回路でつながれます。ところが、バナナの皮にすべって転ぶ紳士の身体運動は、その媒介された回路にショートサーキットをつくりだしますから、いきおいあまったエネルギーは行き場を失って、筋肉運動のほうに逃れていこうとします。そこで筋肉は痙攣し、笑いが生まれるというわけです。

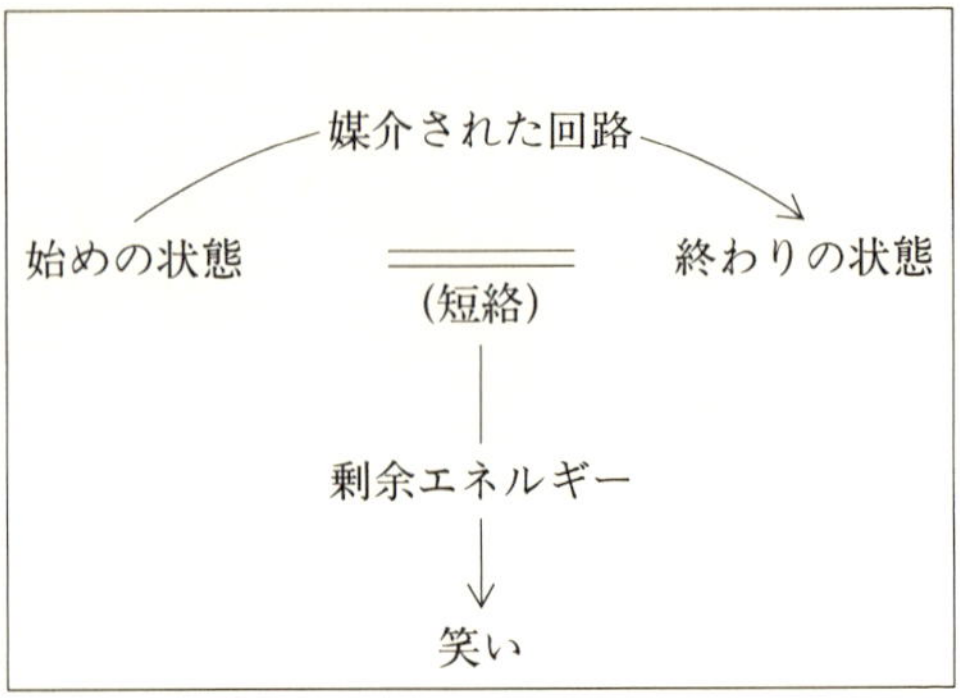

謎々のようなことば遊びでも、同じ音が二つの意味の違うことばをひとつに結んでしまう結果、笑いが発生するというプロセスについては、『人類最古の哲学――カイエ・ソバージュI』に詳しく説明したとおりですが、人はいったいどういうケースで笑っているのか調べてみると、ほとんどが剰余エネルギーの浮遊状態がつくりだされたことからおきているということが、はっきりわかるでしょう。

資本増殖のプロセスでも、これとよく似た状況がおこっています。剰余価値は使用価値が交換価値で代理表象される結果、生まれます。労賃のかたちで支払われる労働力の交換価値が、ここではショートサーキット（短絡）をつくる働きをおこなって、そこに交換の環《サイクル》からあふれでる過剰な価値をつくりだすのです。マルクスはそのあたりのことを熟知していて、問題の核心を一場のコントに仕立て上げてみせています（この「コント」は『資本論』第一巻、第三編第五章「労働過程と価値増殖過程」の章に出ているものです）。

あなたは少し儲けすぎているのではないか、という批判を受けた資本家が、労働者に向かって、市場というものがいかに適切な働きをしているかを説明しようとして、こんな演説をはじめます。

社会の大部分はこのような素寒貧《すかんぴん》から成りたっているのだから、自分は自分の生産手段、自分の綿花や自分の紡錘によって、社会のために測り知れない役立ち《サーヴィス》をしたのではないか？　おまけに自分が生活手段まで供給してやった労働者自身のためにも、それをしてやったのではないか？　それなのに、自分はこの役立ち《サーヴィス》を勘定に入れてはならないのか？　だが、労働者も彼のために綿花や紡錘《ぼうすい》を糸にするというお返しをしたではないか？　そのうえに、ここでは役立ち《サーヴィス》が問題なのではない。役立ち《サーヴィス》というのは、商品にせよ労働にせよ、ある使用価値の有用な作用にほかならない。ところが、ここでかんじんなのは交換価値である。彼は労働者に三シリングという価値を支払った。労働者は彼に、綿花につけ加えた三シリングという価値で精確な等価を、価値にたいして価値を、返した。われわれの友は、今まであれほど資本家らしく高慢だったのに、にわかに自分自身も労働者だという つつましい態度をとる。自分だって労働したではないか？　紡績工の監視という労働を、総監督という労働をしたではないか？　自分のこの労働もやはり価値を形成するのではないか？　彼が使っている監督や支配人は肩をすくめる。しかし、そのあいだに彼はもう快活に笑いながら、もとの顔つきに返ってしまった（『資本論』第一巻、大月書店）。

剰余価値と剰余悦楽

このとき資本家が瞬間見せた笑いに、精神分析学者らしくラカンは注目するのです。ちょっとした笑いや照れ隠しのしぐさなどに、重大な意味をもつ無意識の効果を見いだそうとするのが、フロイトの創出した精神分析学という学問なのですから、これは当然の反応と言えるでしょう。

ラカンはこの笑いの原因を、長いおしゃべりの中では巧みに回避され、沈黙を利用してうまくやり過ごしおおせたことがもたらした効果だと言うのです。資本家は交換のプロセスがうまく働いて、途中で剰余価値が生み出されたことに気づいています。ことばの表面にそれがでてこないように必死で隠していた、この剰余価値の効果、それが笑いとなってあふれでたと語るのです（一九六八年のセミネール）。

たしかにあらゆる「機知」が、そういう仕組みでできています。「目はあっても見えないもの何？答えはじゃがいも」。この場合、シニフィアン（芽）が別のシニフィアン（目）で代理表象され、その落差や距離から、機知の効果は生まれています。ここからラカンは、マルクスが経済学の領域で発見したこの剰余価値形成のプロセスが、精神分析学のいう「剰余悦楽」の形成と、まったく同じ仕組みによっているという事実を、見つけ出しました。

これは私たちにとっても重大な意味をもつ発見です。剰余悦楽またはたんに悦楽（jouissance）は、私たちに「よろこび」の感情をもたらします。そして、これまで私たちが扱ってきた、剰余価値（純生産、増殖）の生まれるあらゆるケースで、人間はよろこびを感じてきています。ラスコーの近くの岩のテラスから、眼下に広がる緑の渓谷をたくさんのへら鹿の群れが行くのを見つけたとき、旧石器時代の狩人たちは洞窟に自分たちが描いたあの壁画のことを思い出しながら、深いよろこびの感情を味わったことでしょう。

フィジオクラットやバルビゾン派の画家たちが想像したように、豊かな実りは大地が自分に注がれた愛の贈り物にたいするよろこびの表現であり、それをもらった農民のよろこびもまた贈与の体系と純粋贈与する自然の力能との違いや落差から発生する、純生産という剰余価値に反応しておこっています。

そして、交換の原理がすみずみまでゆきわたった私たちの社会の資本家もまた、剰余価値がまちがいなく発生したのを見届けると、「笑う」のです（もちろん、これは象徴的な言い方ですよ）。つまり、そこにも悦楽が発生しています。では、農民と大地が表現する「よろこび＝悦楽」と、資本主義が剰余価値の発生とともに体験する「よろこび＝悦楽」とは、同じものなのでしょうか。マルクスはまったく違うと断言します。私たちは、自分の生きているこの社会が総がかりで隠している真実に、いま一歩というところにまで近づいてきたようです。

女の悦楽

私たちは前に、フィジオクラシーの理論を調べていたときに、農業型の生産において「純生産」という形をとってもたらされる剰余価値のことを、精神分析学からの連想によって、「他者の悦楽」とか「女の悦楽」と呼ぶことにしました。これは母親に抱かれた、まだことばをしゃべらない幼児の体験している悦楽でもありますし、女性の味わっている性的悦楽のことをも意味している概念です。

どうしてそんな概念を、経済学の領域にまで拡大して適用してみることが可能かと言いますと、どちらの場合も、否定性が介入していないところにおこっている悦楽であるからです。フィジオクラシーの考えでは、農業の場合には農民の繊細な技術を受け入れた大地が、それにこたえて「愛の贈与」をおこなうことによって、価値の増殖がおこります。この場合まだ機械化の進んでいない農業の技術は、自然の生産力をやさしく目覚めさせ、むっくりと立ち上がったその力を、クッションで受け止めるようにして、収穫を得ようとします。

この関係には、否定性や分離の働きが強く及んでいません。そしてたぶん、母親の乳房から温かい養分を飲んでいる幼児も、目をつむって自分の身体の中を通過していく性的快感を味わっている女性も、同じように身体をもった相手の存在を悦楽（享楽）しているのでしょう。ここでは、性的な悦楽の中に贈与的なつながりを見いだすことができます。そんなわけで、私たちはフィジオクラシーの言う「純生産」の概念と、精神分析学の言う「他者の悦楽」の概念との間に、たしかな対応関係を打ち立てることができる、と考えたわけでした。

ところが、資本主義のおこなう価値増殖運動では、それとは違うメカニズムで「悦楽」が発生しているのです。この過程のいちばん基礎的なレベルで、交換価値による使用価値の「代理表象」という現象が見られました。つまり、あるシニフィアンを別のシニフィアンで代理させたとき、そこに生まれるズレや落差をとおして剰余した価値が発生し、それを私たちは増殖がおこったと理解するわけです。そして、増殖がこのようなスタイルをとるにいたる原因として、あらかじめ分離や否定によって商品となったもの（ここには労働力も含まれています）の交換関係をとおしてしか、資本主義のメカニズムは作動することがないということを、考えることができます。

ファロスの悦楽

資本主義において発生する増殖では、自然は資源として扱われ、道具を使って操作される対象に姿を変えています。またこの自然を変形するのを媒介する労働は、時間の長さに換算できるような労働力につくりかえられています。いたるところで分離は進行して、記号や表象をとおしてとらえられるのでないとしたら、なんの意味ももたないモノとしての扱いを受けることになるでしょう。そういう分離を前提として、この増殖はおこります。しかし、それでもこれも悦楽には違いがありません。純粋贈与する自然の力能に、否定性を作用させたうえで、シニフィアンのレベルで増殖はおこります。

ですから、このような悦楽を、「女の悦楽」に対比させて、「ファロスの悦楽」と呼ぶことができると言うのです。ファロスは去勢を自分に受け入れなければ、いっさいの性的悦楽は断念しなさい、と言い聞かされて育った「性」の体験する悦楽です。そうやって否定性を受け入れたファロスが、からだの中からわきあがってくる力の流れに触れるとき、この悦楽は発生します。機知やユーモアのケー

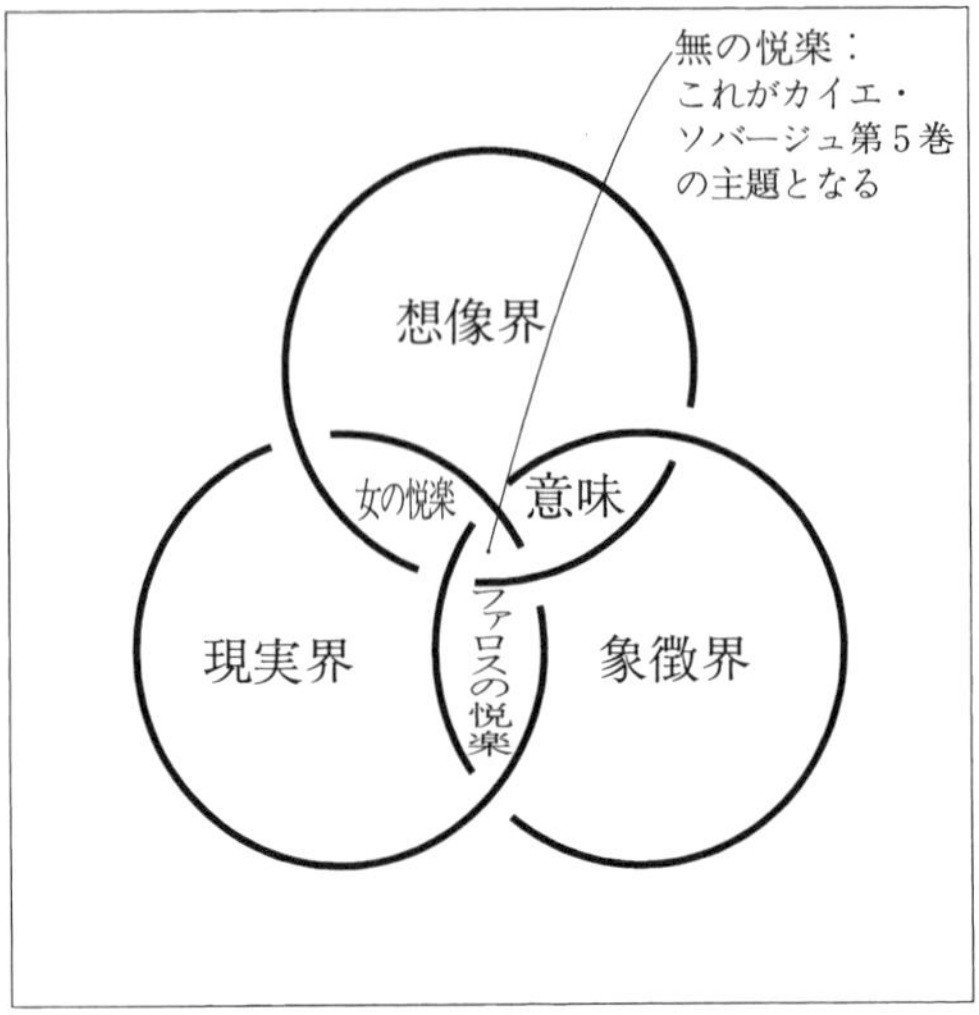

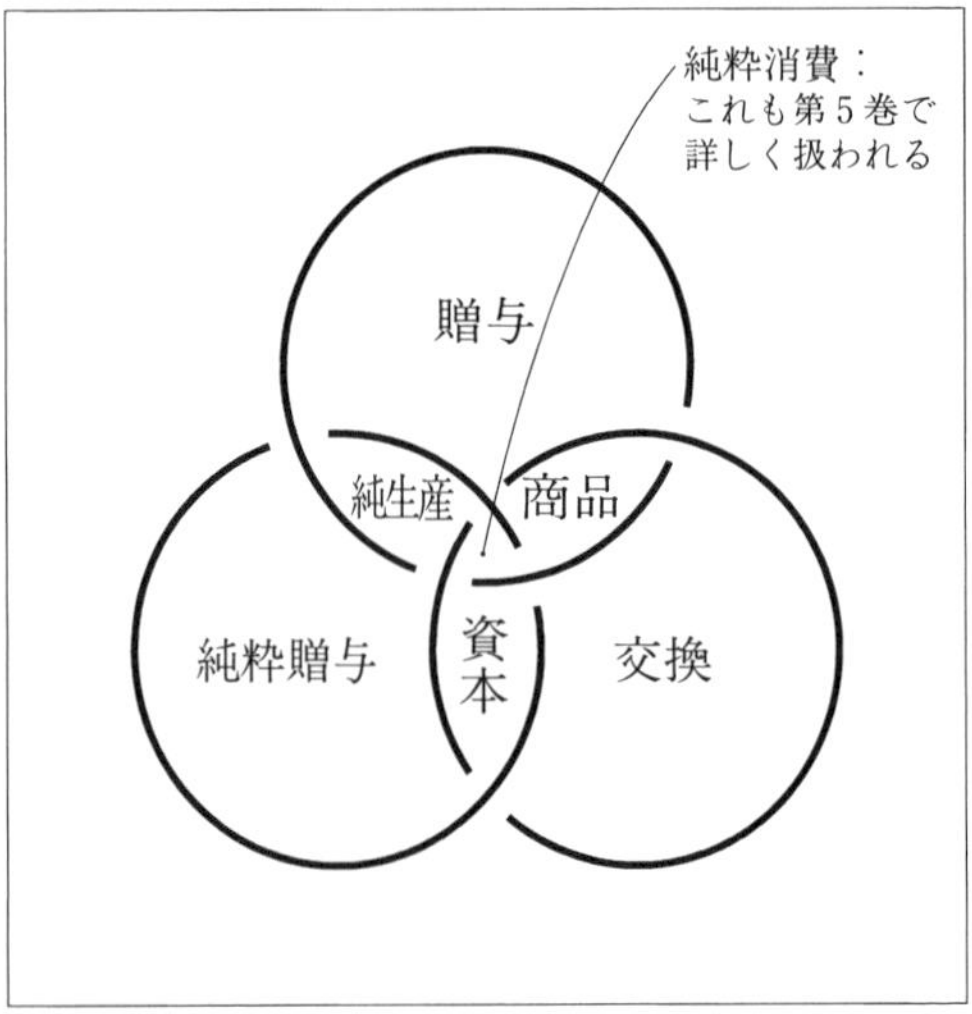

スでも、同じようにして知的なよろこび＝悦楽が生まれてきますから、そういうものも「ファロスの悦楽」の仲間と考えていいでしょう。

すると、つぎのようなトポロジーを考えることができます（右ページ図版［上］）。

精神分析学的な概念との対応をはっきりさせるためには、並べてこう描くとわかりやすいでしょう（右ページ図版［下］）。

交換の原理には、ファロスの機能が大きな働きをしています。それによって、なんでもかんでも計算可能な対象にしてしまう変化がおこるのですからね。そして、資本主義は交換の原理をとおして、社会全体を自分の悦楽の対象としはじめたそのファロスの機能によって、増殖＝悦楽をおこなうわけです。その意味でも、私たちの生きている資本主義の社会は、「ファロス中心主義」によってつくられていると悪口を言われても、反論のできない立場にあると言えるでしょうね。

豊かな社会と深刻な矛盾＝資本主義がもたらしたもの

では、マルクス自身の身体と思考は、どんな悦楽を求めていたのでしょうか。『資本論』を読むかぎりでは、マルクスが求めていたのは「ファロスの悦楽」であったように思われます。資本主義は古い贈与型の共同体を解体したのちに、その残骸の上につくりだされた社会の様式です。それは交換の原理によって贈与の原理を無力化させ、貨幣のもつ能力をフルに利用して、ありとあらゆるものが商品となる可能性をもつようにした上で、そうした商品の中でも格別の商品である労働力をつかって、富の増殖を図ろうとしてきました。

そのために資本主義は、かつてなく豊かな社会を実現したのとひきかえに、深刻な矛盾をも人類にもたらすことになりました。東西冷戦が終結して、「グローバル経済」という名前の資本主義が地球を広く覆い尽くそうとしているのが現代ですが、「グローバル化」が進めば進むほど、かえって多くの解決不能な問題が浮上してきたのです。

マルクスはこういう事態までは、さすがに見通すことはできませんでしたが、資本主義がどんな発展をとげ、どんな問題を人類にもたらすことになるかだけは、大枠のところで正確に把握できていたように思われます。その上で、彼は資本主義のオルタナティヴとしての「コミュニズム」というものを構想したのですが、それを慎重に検討してみると、「ファロスの悦楽」の徹底された社会の先に、私たちが「他者の悦楽」とも「女の悦楽」とも呼んだ型の社会が出現できるのだ、と思考していたように感じられます。

人間と人間、人間と自然の間の愛

これを具体的に言うと、古い共同体を解体して出現した資本主義のさらに先までも、人類の可能性を伸ばしていくためには、まずは資本主義がはじめたこの解体運動を、とことんまで押し進めておくことが必要だということになります。合理的な交換の原理によって、不合理をはらんだ贈与的な結びつきを解体した上でなければ、そういうことは不可能なので、マルクスは資本主義のはじめた運動をとにかく最後まで押し進めてみようと、語っているようにも思えます。

「疎外された労働」を克服していくには、生産者と生産手段が分離されてしまっている現在のような状態を、根本から変えていかなくてはならないでしょう。労働者自身が、生産手段を自分のものとしている社会というのが、ここではイメージされています。

しかし、二〇世紀の多くの悲劇を生んだ体験から私たちが学んだのは、そのようにしてつくられた「社会主義」では、かえって「ファロスの悦楽」が圧倒的な支配権を握ってしまい、道具主義的な思考が蔓延《まんえん》して、自然との「愛」にみちた関係を破壊していってしまう、という現実でした。『資本論』でマルクスが描いたヴィジョンは、こうして二〇世紀の実験失敗の体験によって、完全に壊滅してしまったようにも思えます。

しかし、今日の話の最初にみなさんに紹介した、若いマルクスの書いたあの文章を思い出してください。あそこには、経済活動をとおして人間同士の間に「愛」の関係がよみがえっていくための条件が、探られていました。そのとき、マルクスが考えていたことを言い換えれば、贈与の原理が働きだすことがなければ、人間と人間との間に、また人間と自然との間には、「愛」の関係が生まれることはない、という結論です。

この思考はしかし、その後長いこと彼の思考の表面にはあらわれてこなくなりました。マルクスは自分の思考のある部分に、抑圧を加えたのだと思います。

女性革命家からの手紙

しかし興味深いことに、マルクスはその最晩年にもう一度、そのような思考に回帰するのです。ロシアから届いた一通の手紙（一八八一年二月の日付）が、彼の内部に抑圧されていた「別の思考」をよみがえらせたのです。ザスーリチというロシアの女性革命家が、マルクスにとても興味深い一つの質問を問いかけてきました。

ザスーリチは問います。私のまわりにはロシアを変えなければならないと真剣に考えている人々がいて、その人たちにあなたの思想はとても大きな影響を及ぼしています。その人たちが私に教えてくれることには、ロシアの「ミール」と呼ばれる村の共同体は古代的な不合理をはらんだ共同体であって、ロシアが正しい未来に向かって進んでいくためにはどうしても没落していかなければならない、そうマルクスも教えている、というのです。しかし、それはほんとうなのですか。その人たちが主張するように、あなたもまたミールは没落し、解体して、その廃墟の上に立つのでなければ、資本主義のかかえる矛盾を超えて、新しいオルタナティヴを実現していくことはできない、とお考えなのですか。どうかあなたのお考えの、ほんとうのところをお聞かせねがえないでしょうか。

「新しい制度」と「原古的な」型

この手紙は、マルクスを刺激して、晩年の彼の思想の内部に、新しい展開の芽ばえを生み出しました。彼は返事を書くのに、なんと三回もちゃんとした下書きを書いて、そこで深遠な考え方を示してみせたのです。驚いたことに、そこにマルクスはあからさまにもこう書いているのです。

ロシアの共同体を（それを発展させる道をつうじて）維持するうえで有利なもう一つの事情は、それが〈西ヨーロッパ諸国における〉資本主義的生産と同時的に存在しているだけではなく、またこの共同体が、この社会制度のまだ無傷であった時代をとおりこして生きのこったということ、それどころか、現在、資本主義制度は西ヨーロッパにおいても合衆国においても、科学とも人民大衆とも、またこの制度の生みだす生産主力そのものとも、闘争状態にあるのを、ロシアの共同体がまのあたりにしているということです。……一言でいえば、ロシアの共同体は、資本主義制度が危機にあるのをまのあたりにしているのである。その危機は、資本主義制度の消滅によってのみ、近代社会が共同体所有の「原古的な《アーカイック》」型へと復帰することによってのみ、終結するであろう。その形態のもとで……近代社会が指向している「新しい制度」は、「原古的社会の型の、より高次の形態での復活《リバイバル》となるであろう」。それゆえ、この「原古的」ということばをあまり恐ろしがる必要はないのである（マルクス「ヴェ・イ・ザスーリチの手紙への回答の下書き」より第一草稿、『マルクス・エンゲルス全集』第一九巻、大月書店）。

なんとも大胆な表現ですが、ここに書かれていることを、贈与的思考の探求をおこなってきたみなさんは、もはや少しも恐ろしがったりしないでしょう。ここには、贈与的な原理で人と人、人と自然を結びつける社会のあり方は、資本主義の先にあらわれるはずのオルタナティヴな社会にとって不可欠の原理であり、そこへ到達するのに、西ヨーロッパがやってきたように、贈与的な原理にもとづく社会の形態を時代遅れのものとして没落解体させることだけが唯一の道ではない、とはっきり語られています。マルクスは贈与の原理を組み込んだ、高度な産業社会は可能だと考えていたことが、この手紙からよくわかります。

「ファロスの悦楽」と「他者＝女の悦楽」を、両立できなければなりません。壊れかかった人間の心と社会に、贈与—交換—純粋贈与がしっかりと結びあって離れない、「ボロメオの結び目」（ラカン）の状態を取り戻さなければなりません。アーカイックであること、プリミティブであることを、私たちも恐れてはならないのです。

第七章

聖霊と資本

三位一体の図式

大変に面白いことになってきました。私の書いた『緑の資本論』という本をお読みになった方はすでにお気づきのことと思います。私たち人間のおこなう「全体性としての経済」の活動をあらわすトポロジーの図式は、キリスト教が神の本質を表現するためにつくりあげ、発展させてきた「三位一体」の図式と、まったく同じ構造をしています。念のために、もう一度描いてみましょう。

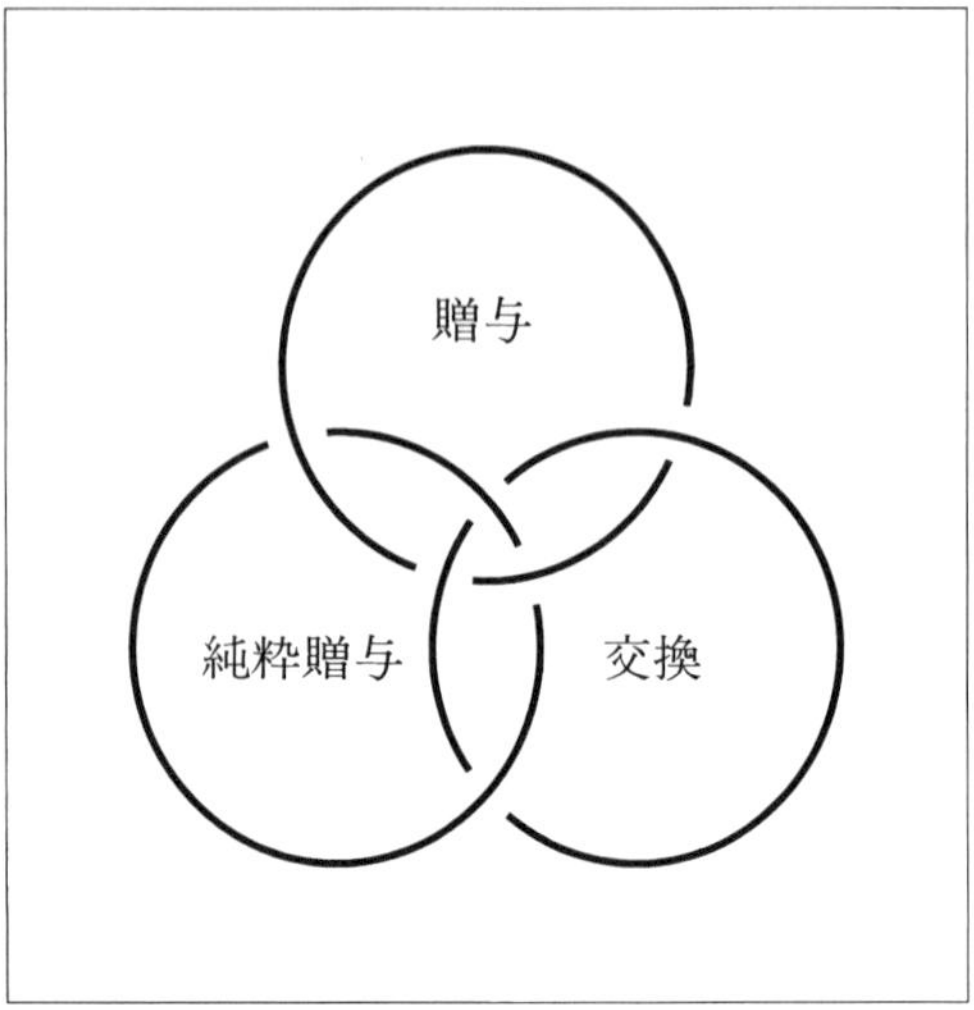

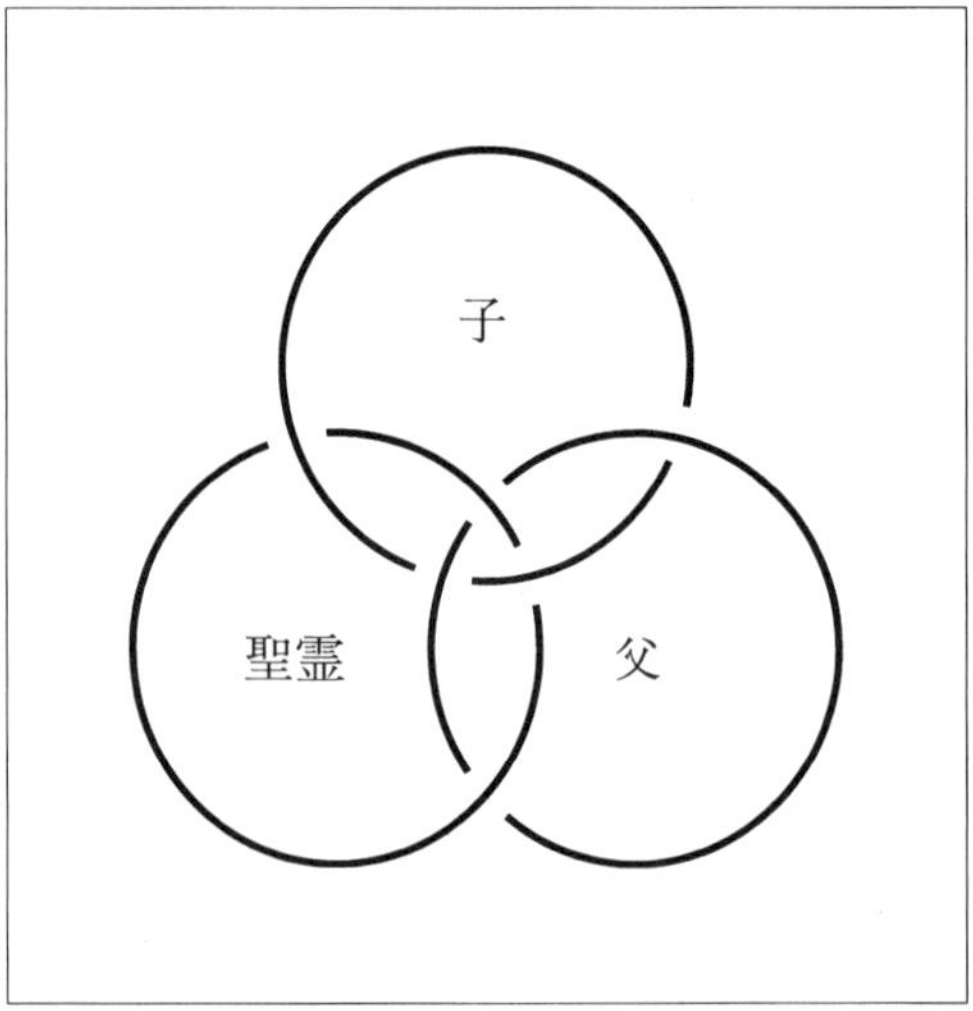

さらにもっと興味深いことには、いまのような資本主義の段階にまで展開してきたこの「全体性としての経済」が現実的に生み出している「価値の増殖」の出現の仕方は、キリスト教のとくにカソリックの教義で教えられている「聖霊」の力のあらわれ方と、そっくりなのです。これも念のためにもう一度図にして示しておきましょう。

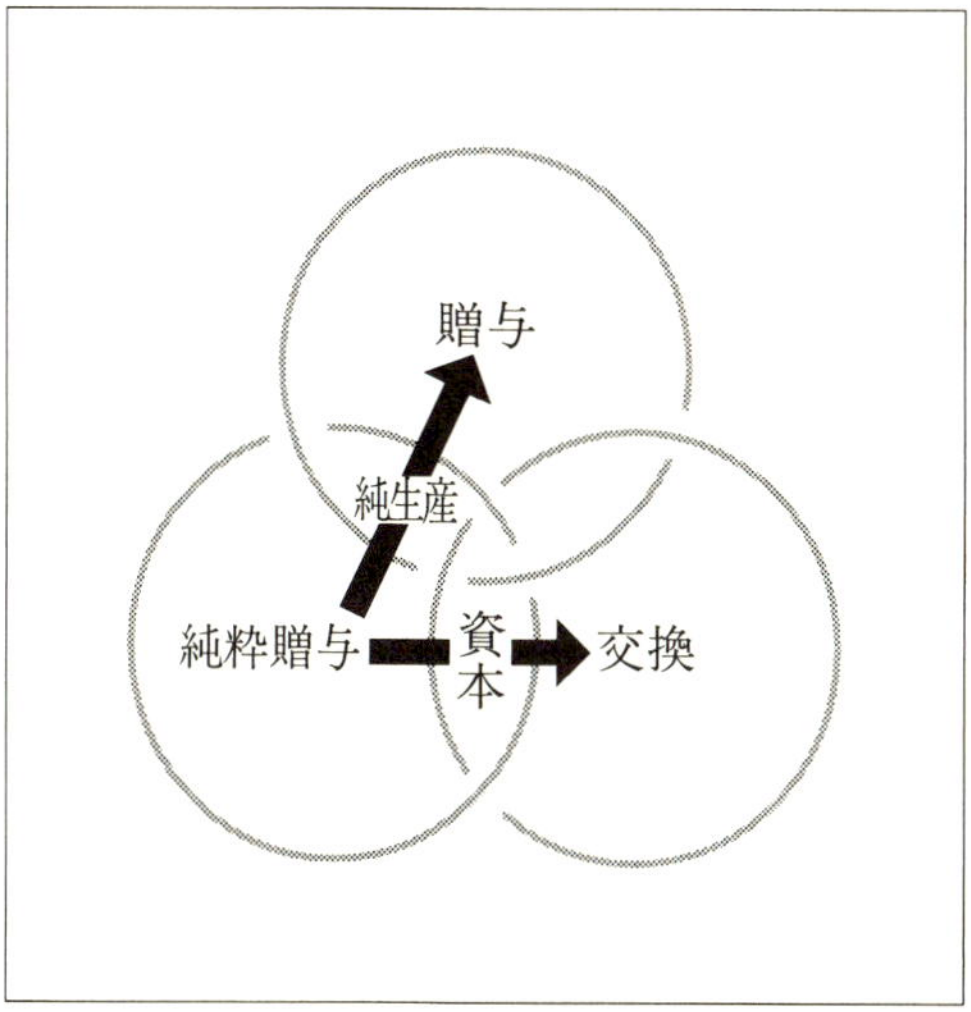

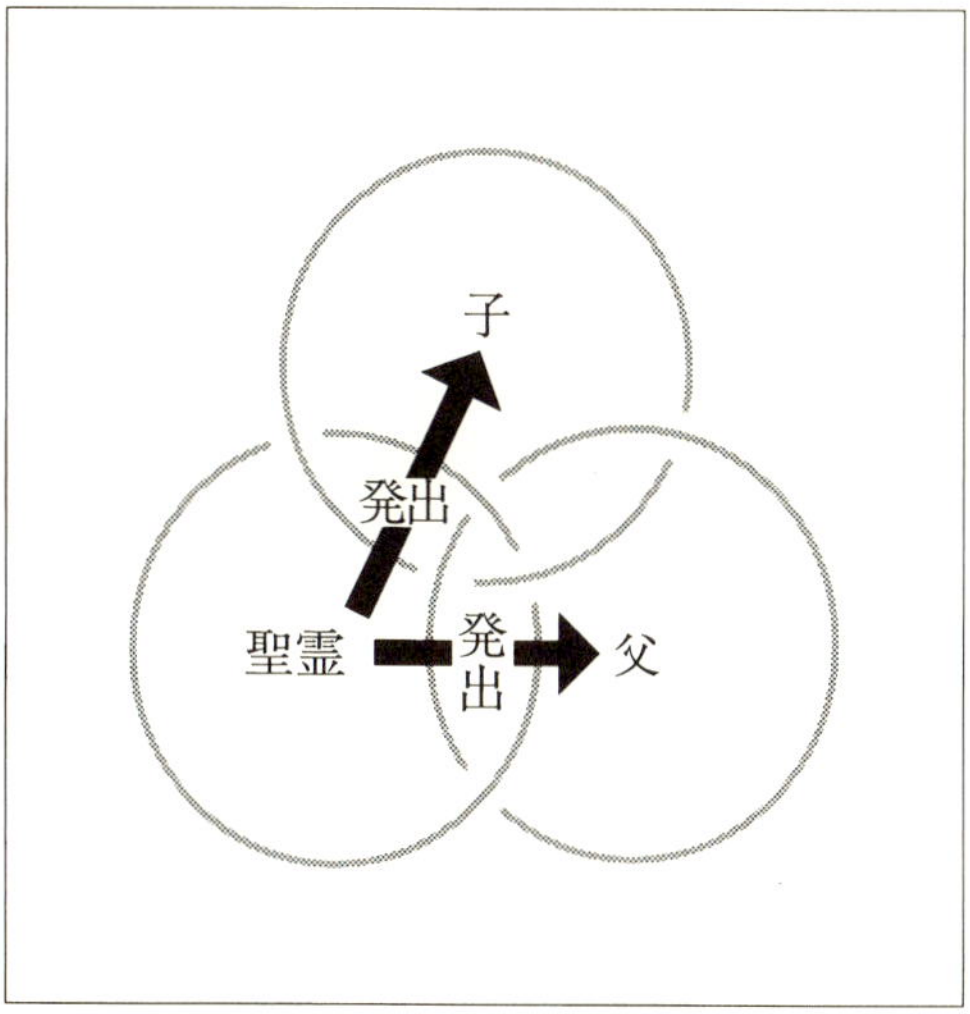

聖霊と資本

この図はいったい何をあらわしているのでしょうか。

資本主義とキリスト教が、同じ思考の様式の中から生み出されてきた、双子の兄弟だということを示しています。もっと正確なことを言うと、同じ思考の様式が経済の領域で素直に表現されると、資本主義を究極の表現の形として生み出していくことになる、歴史の運動をつくりだしていくことになります。しかし、それが経済の現実になる以前に、ヨーロッパ世界はそれを神についての思考、つまりキリスト教の神学という形で表現しておいたのです。とうぜんお兄さんはキリスト教の神学です。弟にあたる資本主義は、兄ほど深いものの考え方はできない実際家ですけれど、いつのまにか兄の権力を奪って、かつてないほどに広大な力と影響力を、人類にたいしてふるうようになりました。

カソリックと資本主義の精神

マックス・ウェーバーの書いた『プロテスタンティズムの倫理と資本主義の精神』という有名な本のことは、みなさんもご存じでしょう。ウェーバーはその本の中で、どうして初期の資本主義がフランスでもロシアでもなく、イギリスとアメリカ合衆国というプロテスタンティズムの影響力の強かった地帯で発達したのか、という謎を解いてみせました。

プロテスタンティズムの中でもとくに禁欲的な傾向の強いピューリタンの世界でこそ、資本主義はいきおいよく発達しました。それは彼らの禁欲精神や節約を重んじる質実な気質が、資本蓄積を発達させるために、きわめて有効に働いたからだ、とウェーバーは考えたわけです。

しかし、私たちにはこのようなウェーバーの理解は、ことの一面しか表現しえていないと思われるのです。たしかに初期の資本主義はプロテスタントの強いイギリスとアメリカ合衆国で発達しました。しかし、その準備はすでにカソリックの神学の中で、一〇〇パーセント整えられていました。カソリックの神学ははじめ主にイタリアで発達しましたが、そこでは世界初の複式簿記が発明されて、会計の事務を合理的にかつ正確に実行できるようになっていました。前にご紹介したケネーの「経済表」は、じつはこのイタリア式の複式簿記から着想されたものなのです。

近代資本主義がイギリスやアメリカ合衆国で発達する以前から、「資本主義の精神」はすでにイタリアやフランスを中心とするカソリック諸国で、力強く成長をはじめていました。なぜなら、キリスト教の神学の構造を、複式簿記の発想で経理化すると、そこに資本主義の構造があらわれてくるのですから、世界中のほかのどこの地帯にさきがけて、カソリックのキリスト教圏で資本主義の萌芽が発生して、大きく発達していったというのも、当然のことだと思います。

聖霊と純粋贈与

ところが、フランスもイタリアも豊かな農業国として資本の蓄積は確実に発達させましたが、イギリスのようにそれを近代的な形に脱皮させて、今日《こんにち》私たちのよく知っているこの資本主義に発達させていくことはできませんでした。やはりそれは、プロテスタント諸国でおこったのです。なぜなのでしょう。

それは増殖の強度といいますか、増殖の自由度といいますか、とにかく増殖ということを可能にしていくメカニズムの違いにあったのだと思われます。この章のはじめの図（一七二ページ）を見て気が付くのは、経済のトポロジー図における「純粋贈与」と、神学における「聖霊」の位置が同じだということです。純粋贈与は観念とは無関係なところで活発に動いているマテリアル（物質的）な運動から放出される力のことをあらわしていますが、聖霊もそれとよく似た性質をもっています。父や子と違って、まったく予測のできない不確定な動きをしながら、この世界に豊かな霊力を放出しているのが聖霊ですから、聖霊を「経理化」すると純粋贈与が出てくると言えるかも知れないですね。

とにかく、聖霊と純粋贈与の働きは、じつによく似ています。聖霊が人の内部で激しく震え出すと、その人はまるでなにかに取り憑《つ》かれたように、精神的な昂揚《こうよう》を覚えるものですが、それと同じようにマテリアルな世界で純粋贈与の力が激しく励起されると、それが交換や贈与の原理と接触をおこす境界領域では、純生産や資本という形で、激しい増殖の運動がおこるようになります。すると、霊的な世界では豊かな精神性が実現されていくようになり、現実の物質的世界の中では、豊かな富の増殖がおこるという、並行現象が見られるようになるでしょう。

そして、それは一八世紀から一九世紀にかけての西ヨーロッパで、現実におこったのでした。フランス革命が勃発する直前のことでした。フランスの作家で啓蒙主義の代表的な思想家でもあったヴォルテールは、王制のフランスにいるのがだんだん危険になってきたために、一時期イギリスに避難することにしました。ヴォルテールという人は大変に癖の強い性格の方でしたから、フランスではしょっちゅう物議をかもす言動をしていましたが、イギリスに行ってみると自分に輪を掛けたひねくれ者や皮肉屋がいっぱいいるので、すっかりこの国が気に入ってしまったようです。

クエーカー教徒の集会

なかでも彼を感動させたのが、「クエーカー」と呼ばれるキリスト教徒の集会の光景でした。友人にぜひ一度見ておくといいと言われて出かけてみると、その集会はふつうとは異なるムードのパブのような雰囲気の教会堂で開かれているのでした。全員が黒っぽいコム・デ・ギャルソンのようなかっこうをしていて、てんでに立ち上がっては演説やら、議論やらをしています。はじめはなんのことやらさっぱりわからなかったのですが、そのうちに一人の女性が立ち上がりしゃべりだしたとたん、あたりに異様なものが走りだすのを、ヴォルテールは鋭く観察していました。

女性は立って、激しい口調で演説をはじめました。いや、それは格好こそちがってはいても、神の栄光と福音を讃《たた》える牧師たちの説教と、内容の高さは遜色《そんしょく》のあるものではありませんでした。しかし、その様子のなんと異様であったことでしょう。女性はまるでなにかに取り憑《つ》かれでもしているかのように、激しい調子でこの世の不正を糾弾しながら、信仰の価値を説いていました。彼女は威厳に充ちていました。しかし、その威厳が教会の権威によるものでないことは、誰の目にもあきらかでした。彼女はただ、自分の内部に降りてきた「聖霊」の威厳だけによって、語っているのです。

個人の中に降りてきた聖霊の権威だけによって語る彼女は、自分の外にあるどんな世俗の権威も認めてはいない様子でした。聖霊の力に鼓舞《こぶ》されて、彼女は真実の信仰は一個のめざめた個人の中にこそあらわれるもの、と語っているように思えました。するとパブに集まった全員に、なにかの電気が走ったように、つぎつぎと聖霊が舞い降りはじめたのです。人々は口々に演説や説教をはじめました。中には恍惚として踊りだすものまでいます。これを見たヴォルテールは、すっかり度肝を抜かれると同時に、フランスのカソリック世界には出現したこともない、まったく新しい信仰の形がイギリスの労働者の集会に出現しつつあるのを、はっきりと認めたのです。

ここにこそ、近代の個人主義のもっとも激しい出現を見ることができる。ヴォルテールはそう確信して、フランス人にあてた書簡をしたためました。キリスト教の内部に、いま本質的な変化がおこっている。それはわが王制のフランスではなく、労働者のイギリスにおこっている。教会の支配から徹底的に自由になった聖霊の力を借りて、個人が昂奮した肉体の中から神を確認しようとする、新しい信仰の形だ。ヴォルテールは書きました。フランスの皆様方、どうぞイギリスへいらっしゃい。そして、労働者の教会堂へ出かけて、クエーカー教徒と呼ばれるこの人たちの集会に参加してみることですな。そうすれば、頭にガツンと一発くらって、王と坊主たちに牛耳られたわがフランスの現状がいかに異様であるかを、はっきりと認識するであろう。クエーカーはいいぞ。こいつらが、いまに世界を変えていくにちがいない。

プロテスタントの「神学思想」

ヴォルテールがそのとき参加したクエーカー教徒の集会は、近代の西ヨーロッパに発生したさまざまな「自由な聖霊」運動の、一つの表現形態にほかなりません。一八世紀頃にはじまったこの運動は、一九世紀の発展期に入り始めると、貧しい労働者を中心にして、燎原《りょうげん》の火のように、西ヨーロッパのプロテスタントの間に広がっていくようになりました。とくにイギリスではクエーカーやランターズの運動として、労働者たちの支持を集めていました。

この運動では、聖霊は教会の権威からは自由だ、ということが、さかんに主張されました。聖霊は別に教会の権威に縛られているわけでもなく、特別な聖職者だけが聖霊の力に触れることができるわけでもない、熱い信仰をもったものならば誰でもが、聖霊にみたされて肉体をふるわせながら、聖霊の権威に守られて、神の真理を語ることが許されている。これがその「自由な聖霊」運動の主張していたことでした。

聖霊は教会の権威から自由だ、ということは、三位一体の教義の縛りからも自由だ、ということになるでしょう。聖霊は三位一体の構造の外にあふれでていく力をそなえている、聖霊は自由だ、父の権威からも子や教会の権威にも縛られていない、と主張することで、この運動を推進した人たちはカソリックの支配を揺り動かしていました。ぐらぐら、ぎしぎしと歪む三位一体の構造のすきまから、流動する聖霊の力が、現実の世界に流れ出していきました。

この運動は、プロテスタントにしかおこりえないものでした。生活はいたって質素で、倹約を大事にして、日々の労働に励むという「プロテスタンティズムの倫理」は、その裏面では、自由に流動できる聖霊の出現を、目に見える形で実現してみたいと欲していたのです。それは貧しい労働者だけではなく、資金をためていずれは資本家にのしあがっていこうとするプロテスタントの心にも、共通に抱かれていた彼らの「神学思想」です。世俗の関心事として「資本の増殖」、崇高な精神の関心事としては、教会や聖職者の権威から自由になった「聖霊の活動」。

私たちが資本主義経済とキリスト教神学のトポロジーの中に見いだしておいた、富の増殖をもたらす純粋贈与の力と聖霊の力とが合体できる条件を、プロテスタントの西ヨーロッパだけがいちはやく整えることができた理由は、もうみなさんにもご理解いただけたでしょう。倹約と労働の価値を賞揚する「プロテスタンティズムの倫理」は、思考の深層でおこっていたラジカルな変化に対応して社会の表にあらわれた、その表面効果にすぎないものと言えるでしょう。

「キリスト教の精神」はその深層構造のレベルで、すでに資本主義の発達を認め、賞揚していたものなのですが、その潜在能力が全開されるためには、プロテスタントの改革によって、聖霊の力が三位一体の枠から自由にあふれでることができなくてはなりません。近代資本主義を用意したのはカソリックでしたが、それを実現してみせたのは、プロテスタントだったわけです。

芸術と資本主義

そして、キリスト教が整えておいた土壌の上に、資本主義が発達するようになってみますと、今度は聖霊の活動を突き動かしていた贈与の原理は、しだいにこの社会からは後退しはじめるようになります。教会の権威も地に落ちます。

そこで登場してきたのが、芸術だったのです。キリスト教という宗教が、聖霊の活動をとおして表現しようとしていた贈与の原理、もっと正確なことを言いますと、贈与の原理に接触することで表現にかえられていく純粋贈与の実在感が、資本主義の発達とともにしだいに失われてきた社会で、今度は宗教に代わって芸術が、贈与の原理をなかだちにして生み出される純生産の役割を、果たしてきました。現代のすぐれた芸術家たちがこぞって証言しているように、芸術的な創造活動で、実際に芸術家の内部では「スピリット＝たましい＝聖霊」が活発な活動をおこなっています。

しかし、その芸術でさえ、資本主義を支えている交換の原理によって、いまや食べ尽くされようとしています。芸術にはかつてのような爆発的な「スピリット」の働きを、認めることができなくなりはじめています。

聖霊の激しい活動によって、堰《せき》を切ったようにしてはじまった資本主義の運動が、いまではなんとなく生気を失って、停滞に落ち込んでしまっているように感じられます。どうも「全体性としての経済」を形成している「ボロメオの結び目」（ラカン）が、どこかの結び目がはずれてしまうことによって、うまく機能しなくなっている様子なのです。

分裂する傾向を持つ経済システム＝資本主義

こうして見ると、資本主義という経済システムには二つの方向に分裂していきやすい欲望が、最初から抱え込まれていて、そのシステムはなんとかそれを一つに結びつけたいと願いながらも、ふだんはその実現に失敗しつづけているのが、よく見えてきます。純粋贈与の力が贈与の原理と接触していくときには、そこには「たましい＝霊力」の躍動をはらんだ純生産が生まれてきます。産業の形としては農業が、それにもっとも近いことを実現してきました。また芸術がやっていることも、表現における純生産の活動にほかなりません。

ところが、純粋贈与する力が、交換の原理と接触して、そこを通過していくときには、資本の増殖がおこります。こちらのほうの増殖は、純生産の場合とちがって、「たましい」の活動を呼び起こさない、いやむしろそれを押し殺すことをおこないます。

そのために、資本の増殖は物質的な豊かさをもたらせても、「たましい」の豊かさをもたらすことはできないのです。これは「自由な聖霊」の活動からはじまった近代資本主義の求めていたものからすると、人をはなはだしく失望させる結果を招くことになるでしょう。せっかく人々の暮らしが豊かに、幸福になることを求めて、多大な犠牲を払って実現した経済システムが、結果的に人間に真実の幸福をもたらすことができないでいるのです。純生産と資本という、二つの異質な原理から生まれる二つの増殖の形を、なんとか一つに結びあわせることはできないでしょうか。それを一つに結びあわせるのが、「資本主義の夢」なのだと、断言してもよいでしょう。

残念ながら、経済システムとしては、そのような結合はいまだに実現できていません。交換の原理の圧倒的な支配力が、贈与の原理が資本主義システムの中で効果的に働くのをさまたげているからです。しかし、ここに「資本主義の夢」を別の形で少しだけ実現してみせてきた、一つの「習俗」があります。みなさんもよくご存じのお祭り、そう、それはクリスマスです。

クリスマスと「ふゆの祭り」

みなさんはいまあるようなクリスマスというお祭りが、ずいぶん昔からもあるように思いこんでいるかも知れませんが、これは主に一九四〇年代のアメリカの資本主義の発達によってできてきた、わりあいに新しいお祭りなのですよ。それまでのヨーロッパでももちろんクリスマスは祝われていまし

ニコロスピーレンの祭りで聖ニコラウス（サンタクロース）にお伴する悪魔（オーストリア、12月）
〔遠藤紀勝『ヨーロッパの祭り』講談社〕

たが、いまよりもずっと地味な、しかし敬虔な雰囲気でみたされたお祭りでした。

　もともとはヨーロッパで古くから（新石器時代から！）続けられていた「ふゆの祭り」（これについての詳しい解説が、『熊から王へ——カイエ・ソバージュII』にありますから、そちらを読んでください）がキリスト教と合体して、クリスマスの原型はつくられています。

　イエスが生まれたのが何月だったかは、聖書のどこにも書かれていません。そこでいろんな説が出されたのですが、ローマ帝国でキリスト教が公認されてからは、ローマの伝統的な「ふゆの祭り」であるルペルカリア祭にあわせて、一二月二五日が生誕日と定められました。ですから、冬至を中心とする農民の「ふゆの祭り」の習俗ともうまくすりあわせができたわけです。

　このとき村々には、純粋贈与の力を秘めたさまざまな霊的な存在が、訪れてきます。純粋贈与する力は、人間の意識の外にひろがっている「モノ」の領域からやってきます。そのことを象徴するために、死霊をかたどった仮面の神様たちが、村々を訪れてくるのです。

この仮面の神様たちは、子供の味方です。子供は純粋贈与する力の領域からこちらの世界のほうに出てきて、まだそんなに日数が経っていないので、仮面の神様にとっては親しい仲間のような存在でした。子供たちは松明《たいまつ》を掲げて、深夜の村中を奇妙な唄を歌いながら行進しました。家々では死霊の代理人であるこの子供たちに、たくさんの贈り物をしなければなりませんでした。子供たちは靴下を枕元に下げて、神妙にサンタクロースのやってくるのを待つなんておとなしいことをしませんでした。自分で出かけていって、大人たちから贈り物を「強奪」する権利があったのです。そうやって、ヨーロッパの農村では、来《きた》るべき年の「富の増殖」を言祝《ことほ》ごうとしていました。

プレゼントに囲まれる日（©PPS）

夢

クリスマスには、死霊といわず、ありとあらゆるタイプの霊《スピリット》が社会の表面にどっとばかりにあふれでてきます。ここに資本主義が目をつけたのです。そうだ、クリスマスを上手に利用すれば、資本の増殖と霊の増殖をいっしょにお祝いすることもできるじゃないか。資本主義は交換の原理によって、富の増殖を実現しているけれど、クリスマスは贈与の原理にもとづいて、幸福感の増殖と作物の増殖をお祝いしようとしている。クリスマスこそ、われわれの求めている夢の体現者なのではないか。われわれのまだ実現できていない夢を、クリスマスは農民風の装いのもとに、もう何千年も前から実現してみせていたのではないかしら。

こうして、現代のクリスマスははじまったのです。生まれたばかりの「デパートメント・ストア」が、その夢の表現者の役目を買って出ました。真冬の街路を華やかなイリュミネーションが飾りたて、ショーウインドウの中にはあふれんばかりの商品が、うずたかく積まれ、いまではすっかりおとなしくなって、自分たちが死霊のお使いをしていたこともあるなんて事実をすっかり忘れてしまっている子供たちは、サンタのおじいさんからの贈り物を家の中で待ちます。豪華な食事、家族の団らん。新石器時代以来の「ふゆの祭り」はかくして資本主義のしたたかな商戦と合体して、魅力あふれるお祭りとして世界中に広がっていきました。

たしかにクリスマスは、その原理から言っても、表現のスタイルから言っても、資本主義の夢の実現者と呼ばれるのにふさわしい華やかさと格調を備えているのではないでしょうか。この夜、交換の原理と贈与の原理がめでたく愛で結ばれるのですから。毎日がクリスマスであったらどんなにいいだろう。それが資本主義の望みですが、残念ながらそれは不可能です。いまの経済システムでは、贈与の原理に活動の場があたえられるのは、例外的なケースでなければならないからです。夢には、抑圧された欲望が戻ってくるのを見ることができます。贈与は抑圧された欲望です。ですから夢からは、かならず覚めなければなりません。

幸福感の違い

現代の資本主義の発達のための舞台を整えたのが自分たちだったと知ったら、聖霊はさぞかしびっくりすることでしょうね。たしかに表面的にはよく似たことがおこなわれているのですが、聖霊のつくりだしたものと資本がつくりだしている世界とは、根本的なところがどこかが違っているからです。「たましいの豊かさ」と「物質の豊かさ」の違いと言ってしまうこともできますが、実際にはもっとデリケートな違いのような気もします。

聖霊に取り憑かれた人は、信じられないほどの強烈さで、際限もなくしゃべりつづけます。資本主義も、映画やテレビや音楽産業をつうじて、際限もないおしゃべりをします。どちらも疲れを知らないかのように、しゃべりつづけ、歌いつづけます。純粋贈与する力との境界面では、こういう増殖の現象がおきるのです。

しかし、聖霊のするおしゃべりは芸術や科学の創造をおこないますが、資本主義はそれをおしゃべりな商品に変えることしかしません。ここに同じ豊かさから生まれる「幸福感」に違いが出てきます。おしゃべりを続ける商品は、へたをすると私たちの社会に幸福どころか、荒廃しか生み出さなくなります。

ここのあたりを、よく観察してみることが大切です。実際私たちは、自分たちの前方に砂漠のような荒廃した光景が広がっているのを、予感するようになっていますが、私たちがいまのように受け身な生き方ばかりしていると、その予感はどんどん実現に向かっていってしまいます。もうそろそろ目を覚ましてもいい頃なのではないかしら。

終章
荒廃国からの脱出

世界からの問いかけ

神話や昔話では、主人公が自分に向けられた問いに上手に答えられると、超自然的な存在の援助が受けられたのに、うまく答えられなかったり、答え方を間違ったりしたばかりに、ひどい苦しみを体験するはめになった、というプロットがしばしば利用されているのを見かけます。

エディプスはスフィンクスの問いかけてきた難解な謎をみごとに解いたおかげで、新しい運命が開かれることになりましたが、そのさいに「あまりにうまく謎を解きすぎた」ばかりに、そののち人類がかつて体験したこともないほどの苦しみを味わうこととともなりました（謎が解けないでいると死か荒廃がもたらされますが、逆にあまりにうまく解きすぎると疫病《えきびょう》や近親相姦の悲劇がおこるのでした）。

まわりの世界からの呼びかけや問いかけに、正しいやり方で答えるのはいつもとても難しいことで、私たちはそれに関して失敗ばかり繰り返してきたのではないでしょうか。

なかでも、あの「聖杯伝説」の主人公ペルスヴァルのしでかした失敗は、致命的でした。彼が問いを発するべき決定的な瞬間に、それを怠《おこた》ったばかりに、豊かだった国土はたちまちにして恐ろしい荒廃国に変貌してしまったからです。

ペルスヴァルの犯した失敗は、人ごとではありません。私たちも彼と同じような過ちを繰り返してきた結果、青く美しい惑星であった地球に、とりかえしのつかない荒廃を与えてきてしまったからです。その意味でも、ペルスヴァルの失敗の意味を、現代の問題として考え直してみることには、深い意義を見いだせるような気がします。

とりかえしのつかない過ち

ペルスヴァルの物語を主題とする作品は、たくさんの異文《ヴァリアント》があります。もっとも有名なのは詩人クレチアン・ド・トロワの書いたものですが、その作品を中心に他の異文をも参考にしながら、この物語の聖杯のエピソードの部分のあらすじを紹介しておきましょう。

一目その姿を目にしたときから、深いあこがれを抱いた騎士になることをめざす、純真な若者ペルスヴァルは、流れの早い川のほとりで、小舟に乗って釣りをしている一人の立派な人物と知り合いになります。その人に教えられたとおりに歩いていくと、立派なお城に入ることを許されました。そこは「漁夫王」の城で、さきほど釣りをしているのに出会った人物こそ、その城のご城主だったのです。

漁夫王は大変に威厳のある人物でしたが、足腰が麻痺《まひ》しているために、立ち上がることができません。王はペルスヴァルを厚くもてなしはじめました。蠟燭《ろうそく》の光りで煌々《こうこう》と照らし出された広間で、王とペルスヴァルが親しげに話し合っている間、二人の前をさまざまな品物が通り過ぎていきました。まず銀の槍《やり》をもった小姓が通りました。その槍の穂先から、真っ赤な一滴の血が流れ落ちました。

ペルスヴァルはもともとは大変好奇心の強い質《たち》でしたが、旅の途中で出会った騎士から、なんでも自分の思ったことを人にたずねたりするのはよくないと諭《さと》されたのを思い出し、その槍はいったいどんな意味をもった槍なのか、質問するのをがまんして黙っていたのです。

続いて美しい燭台が出てきましたが、なおもペルスヴァルは黙っていました。さらにその後から一人の乙女が「聖杯《グレイル》」を捧げ持って入ってきました。聖杯はまばゆい光りを放って広間を明るくしました。それでもペルスヴァルは無言のままです。彼はその杯で一体誰が食事をなさるのですか、と聞きたかったけれども、例の騎士の忠告を守って、今度もたずねることをしなかったのです。

そのあとで食事がはじまりました。みごとな料理の数々にペルスヴァルは舌鼓《したつづみ》を打ちました。心の中では、明日の朝になったら、いま自分の目の前を通り過ぎていった聖杯のことを、誰かをつかまえて質問しよう、でもいまはそのことを漁夫王にたずねたりはしないでおこう、とつぶやきながら。王とペルスヴァルは夜の更《ふ》けるまで、楽しい語らいを続けたのでした。

さて翌朝になってペルスヴァルが目をさますと、城には人っ子一人見あたらなくなっているではありませんか。彼の着用してきた鎧《よろい》も馬具も馬も、きちんと整えられているのに、生きている人影はどこにも見えません。狐につままれたような心持ちで彼は城をあとにしますが、途中出会った乙女から、彼は自分が重大なとりかえしのつかない過ちを犯してしまったことを、知らされるのでした。

あなたが語るべきことばをちゃんと見出していたのなら、病の床で悲しい思いをしていらっしゃる富める王は、その傷から完全に癒《い》やされたことでしょう。しかし、こうなっては王の運命はすっかり定まったも同然で、王は自分の国土を穏やかに統治することはけっして出来なくなってしまいました。

主人公が聖杯と、穂先に一筋の血のついた槍の役割を問い損ねたばかりに、王の病気はもはや不治のものとなり、国土は荒廃して、豊かだった国土が恐ろしい荒廃国に変貌していってしまうのです。クレチアンの作品をふくらませた別の作品（『ペルレスヴァウス』）には、もっとはっきりとこう書いてあります。

富める漁夫王は、客人としてひとりの青年騎士を迎えたが、この騎士により、近頃、国には大きな悲しみがもたらされた。聖杯と、穂先からほとばしる怒りの血のついた槍とが、彼の前に現れたが、彼はその聖杯がだれの役に立ち、あるいはそれがどこから由来したものなのかを問わなかった。そして、彼が問わなかったがために、すべての国々は戦いに駆り立てられ、そして騎士たちは森の中で他の騎士に出会えば、かならず相手を打ちひしぎ、その力があれば相手を殺してしまうのである（ジェシー・ウェストン『祭祀からロマンスへ』丸小哲雄訳、法政大学出版局）。

この方のことばによって、また活力があたえられたのです

どの作品も、主人公が適切な問いを発しなかったために、漁夫王は癒されることなく、国土は荒廃に閉ざされてしまったと語っていますが、「ジェルベール」というクレチアンの作品の続編をなす異文には、神話的思考を学んできた私たちには大変に興味深い「逆転」の効果が、こう記されています。

主人公は不毛の荒地を旅して、聖杯の城にたどり着き、一夜が明けてみると、聖杯城は姿を消して、花咲き乱れる草原に一人たたずんでいる自分を発見します。彼は町へ向かいます。すると驚いたことに、昨日まではすっかり荒れ果てていたはずの国土が、今日は緑したたる肥沃の大地に変わっているではありませんか。町では人々が大歓呼で彼を迎えてくれます。住民らは口々に、彼が昨夜聖杯の城でおこなった「武勲」によって、住民たちはみな失っていた国土と財産を取り戻したからだ、とお礼を言うのでした。

ペルスヴァルはたしかに昨夜、聖杯が通り過ぎていったとき、それについての問いかけをおこないました。これを聞いた城主夫人はこう語りました。

これらすべてのことは、この方のことばによって成就されました。
この国の河川には水も流れず、
泉は枯れ果て、田畑は耕されたこともなくなっていましたが、
この方のことばによって、また活力があたえられたのです。

つまり、主人公が目の前を通り過ぎていく聖杯について、適切な質問をすれば、彼は「水の解放者」となって、国土に肥沃をもたらすのに、質問に失敗したり、黙ったままでいたりすると、国王の不能と国土の荒廃がもたらされるという考えが、ここにははっきりと表現されています。

現代的な暗示

この中世の物語には、人が「コルヌコピア」を前にしたとき、どのようなふるまいがなされなければならないのかが、問題にされています。問いかけは答えを求めます。そして問いに答えが返ってくると、そこにコミュニケーションの通路が開かれます。

とくにこの場合は、聖杯の意義についての問いかけです。人間はただ聖杯について問いかけをするだけで十分なのです。「あなたは一体何者なのですか」。そう問いかけられただけで、コルヌコピアである聖杯は喜んで、それまで閉ざされていた水を解放し、豊かな富を自然のふところからほとばしり

出させるようになるのです。

私には、この神話的なエピソードが、ひどく現代的な暗示に富んでいるように思えてなりません。たとえばマルクスは、近代の産業社会が交換の原理とそこから生まれる貨幣にもとづく関係性を発達させすぎてしまった結果、人間同士の間に「愛の応答」というコミュニケーション（交通）の形態が成り立つのがとても困難になってしまうことを、はっきりと原理的につかみだしたほとんど最初の人でした。

がまた同時に、人と人、人と自然との間に生まれるはずの贈与的なコミュニケーションは、そこに交換の原理が入り込んでくるやいなや、すぐさま流動が止まってしまうことを指摘しています。交換の原理を基礎づけている「否定性」や「分離性」によって、自発的な肯定力の動きが、阻《はば》まれてしまうからです。

漁夫王は、ペルスヴァルが騎士たるべき礼節のことなど無視して、なりふりかまわず聖杯と槍の意義を自分に問いかけてくれるものと期待して、彼を城に招き入れたのです。ところが、柄《がら》にもなくペルスヴァルがこのとき発揮した「否定性」のために、問いは発せられず、停滞した自然の力の流動はおこらないままに、王の病は悪化し、国土はますますの荒廃へと陥った、と語られています。

この物語をマルクス風に分析してみれば、人間の内的および外的な自然との間に開かれていなければならないコミュニケーションの通路は、近代の市民社会をつくりあげる根本原動力であった交換的

「否定性」のあまりの影響力によって、いたるところで阻害されている、ということになるのではないでしょうか。

科学と技術による「コルヌコピア」の発見

私たちのまわりで、何かが私たちに向かって応答するのをやめています。私たちがその何かに対して、「適切な問いかけ」をおこなうのに失敗しているからです。ペルスヴァルとは違って、その何かに問いかけをしなかったから、そうなっているのではありません。人間はうるさいぐらい饒舌《じょうぜつ》に、その相手に話しかけてきました。しかし、話しかけ方、問いかけ方がまずいために、その相手は深い沈黙に入ったまま、応答を送り返してこないのです。

その「何か」のひとつが、「自然」であることは間違いありません。今日では科学が、もっぱらこの自然への問いかけ役の正統的な地位を独占している感があります。「科学は自然のヴェールを剝《は》ごうとしてきた」という言い方がよくされますが、相手が身にまとっている衣服を剝ぐやり方で、科学の知は、女性である自然の身体を知りたいという欲望にかられています。

こういう科学と結びついた技術は、さらにその自然の身体の中から、人間のマクロなサイズでの生存にとって有用なエネルギーや性質を取り出して、利用してきました。科学知も技術知も、自然を相手にした問いかけにおいて、一貫したポリシーをもって進んできました。衣服を剝ぐこと、相手が自発的に自分を開くのを待つのではなく、挑発して相手の昂奮を待つこと、科学と技術の知が活用している問いかけの方法は、あきらかに贈与的な原理にもとづくのではなく、交換の原理を作動させているのと同一の原理を、自然相手に全面的に展開してきたのでした。

現代の「コルヌコピア」はそのような科学と技術によって、いたるところに発見されつつあります。脳の中に、DNAの中に、さらには生命そのものの中に、人間は新しい富の源泉を見いだそうとしていますが、問いかけの方法はいつも同一です。応答のないところに、応答をつくりだすやり方で、自然は人間に自分の秘密をさらけだし、語りだしているように見えます。

存在と純粋贈与

哲学者ハイデッガーが疑ったのは、現代にもっとも有力を誇っている、そのような問いかけのやり方そのものの有効性でした。『技術への問い』という一九四九年におこなわれた講演の中で、ハイデッガーはそれまで誰も試みなかったやり方で、この問題を人々の意識に浮上させようとしたのです。

ハイデッガーの「存在」という概念は、私たちの純粋贈与という概念と同じように、自分自身の中から出て、自分を外に向かって開いていこうとする力を秘めています。いまはまだ閉ざされていて現れ出ていないものを、現実存在している世界のほうに向かって到来させようと導いていくもの、それが「存在」であり、純粋贈与の根源にある力です。ですから、それは「真理」と同じ本質をもっているわけです。

このような力を上手に誘い出して、まるで自発的に「存在」が私たちの世界に向かって、自分を開きながら、現れ出る状態をつくりだす働きをのことを、古代ギリシャ人が「ポイエーシス」と言っていた事実に、ハイデッガーは私たちの注意をふりむけます。これは「自然」がたえまなくおこしている現実にほかなりません。たしかに「自然」とふつう呼ばれているものは、自分に内蔵されている力と形についての知性をもとにして、他からの手助けなしに自分をつくりだしてくるもののことを言いますから、ポイエーシスとしての活動のことを「自然」と言うのだと言ってよいでしょう。

ポイエーシスとは、人間が自然の内部から自然の秘密を誘い出してくるやり方のことです。人間が呼びかけをおこない、それに応じて、自然が自発的に応答をおこなう、そのときにポイエーシス的な「存在」の出現・生起がおこります。

ですからそういう「存在」の呼び出し方を「贈与的」と呼ぶことも可能でしょう。じっさいドイツ語では「存在＝ある」と「贈る」を、同じ gibt という単語であらわしていますが、そこには昔の人の繊細で正確な知性の働きを見ることができます。

ところが、ここにもう一つの「存在」の連れだしの方法があります。それが「テクネー」と呼ばれるあり方で、まだ私たちの眼前に現れ出てこないものを、さまざまな挑発や狡知《こうち》を用いることによって、無理に引きずってでも外に現れるように仕向けるやり方のことを指しています。「存在」が自分に呼びかけをしている人間に向かって、自分自身を贈与するやり方で開きあらわれるように、おっとりと構えていたところを、「テクネー」がやってきてむんずと手をつかんで、そのまま外に引きずり出されてしまった、そんな状況を思い浮かべて見るといいでしょう。

これもまた「真理」を扱うための、一つの有力な方法であることには違いありませんが、近代になると、科学技術がもっぱらこのやり方を使って、「自然」の探求と利用をはじめました。そうなると、もう「自ずから - 成る」という意味での「自然」は背後に退いて、物質的な対象だけが同じ「自然」の名前で呼ばれることになるでしょう。自発的なプロセスにたいして「否定性」が強力な働きかけをおこない、そこで贈与的な本質をもった「存在」は、世界の背後に遠く退いていってしまうことになります。

近代技術とは何か？

ハイデッガーはこう語っています。

近代技術とは何でしょう。近代技術も「あらわにあばくこと」でできています。この根本の特性を静かに凝視してみますと、近代技術という新種がようやくその姿を見せはじめるようになります。

近代技術はこの「あらわにあばくこと」という特性に終始支配されていますが、とくに現代では、ポイエーシスの意味における「存在の出で来たらし」という形では、展開されていません。近代技術に統一的な意味をあたえているこの「あらわにあばく」やり方は、自然に向かって、運搬貯蔵が可能な形でのエネルギーを供給すべきであるという要求を突きつけて、挑発するやり方に変わってきています。しかしそういうことなら、昔の風車だってそうだったじゃないか、と言う方もいらっしゃるかも知れません。ところが違うのです。風車の羽根は風によって回転し、風が吹き付けるのに身をさらしています。風車はしかし、エネルギーを貯蔵するために、大気のエネルギーを「開発」したりはしないものでしょう。

ところが、石炭や鉱石を採掘するためには、ある地帯はじっさいに挑発されるのです。その地域はいまや石炭鉱区となり、そこの土壌は鉱床として、自分の姿を「あらわにあばいて」いるではありませんか。そうなるとかつての田畑は一変してしまいます。かつては農民が手入れしていた田畑、その頃はまだ土壌から何かを仕立て上げることを、育てるとか耕すと農民が呼んでいた、その田畑も一変するのです。農民の仕事は耕地を挑発したりいたしません。穀物の種をまくにあたっても、種の芽生えは植物の生長する力にゆだねられていましたし、農民はただその繁殖を見守っていただけです。ところが田畑の手入れそのものが、いまや自然を立たせるという渦の中に巻きこまれてしまったのです。いまの農業のやり方では、耕地の手入れはそれを挑発して、自然を立たせる行為に変わってしまいました。耕作は今日では、動力の導入された食品工業になってしまいました（私訳、小島威彦・アルムブルスター訳『技術論』理想社、を参考にしている）。

沈黙する自然

ハイデッガーがここに語っていることは、私たちにも深刻な意味をもっています。つい最近、狂牛病が私たちに垣間見させてくれた問題の本質は、すでに数十年前に正確にえぐり出されています。牛も豚も、食肉として自分の姿を「あらわにあばく」ようになっています。動物たちは人間から恐ろしい挑発を受けつづけているのです。そしてその挑発の手段は、ますます巧妙で合理的に整備されていこうとしています。

交換の原理と同じ本質をもつ「テクネー」的な近代技術を発達させたことによって、人間は「沈黙する自然」を目の当たりにしなくてはならなくなりました。

みなさんは、神話的思考のおこなわれていた世界では、こういうことがありえない光景だということを、よく知っています。そこでは、かつては動物も、ことによると植物も、人間と同じことばをしゃべり、気持ちを通わせあっていたと、信じられていました。自然が人間の言葉を語らなくなった今でも、昔の記憶は失われずに残されていたので、人間が上手に語りかければ、動物たちもそれに応じてくれるはずだという確信さえ抱かれていたのですからね。

ところが、人間は自然へ語りかけるやり方を間違ってしまったせいで、自分を取り巻くすべての自然が、恐ろしい沈黙を守ったまま、何もこたえ返してこなくなったことに気づかざるをえないのです。

ペルスヴァルは適切な問いかけに失敗したことによって、国土に荒廃をもたらしましたが、現代の私たちは、自然に対して「挑発し」「あらわにあばきたてる」という強引な問いかけを続行してきたために、もはや自然は応答するのをやめてしまったのではないでしょうか。現代人も、ペルスヴァルと同じように、適切な問いかけに完全に失敗しているのです。そこから発生するさまざまな荒廃に、私たちはさらされています。かつてないほどに豊かな社会を生きているはずの私たちは、実際には荒廃国の住人なのです。

変わらぬ忠誠と愛を

現代ではなにからなにまでが「経済」の影響下にあります。いや、支配下と言ってもいいかも知れません。そういう経済時代を生きている私たちだからこそ、自分たちがいま直面している「荒廃」の意味を、真っ正面に「経済」の問題として解き明かしてみたいと思った私は、今学期の講義の焦点をそこに絞ってみることにしたのでした。

するとたちまちにして、人間のおこなう行為としての「経済」の現象が、交換の原理を中心に組織されているのではなく、贈与と純粋贈与というほかの二つの原理としっかり結びあった、全体性をもった運動として描かれなければならない、ということに気づかされました。そして、交換の原理による自然（それは人間の内面の自然であると同時に、人間の外にある自然のことをも指しています）への挑発的な口ぶりの語りかけが続いていくうちに、自然が恐ろしい沈黙に入ってしまう理由を、はっきりと見届けることができました。贈与の原理の破壊が、それをもたらしているのです。

二一世紀の「人間の学問」では、いまある形の経済学をいまだ未知に属するこのような全体性の一部分として組み込んだ、より拡大された新しい「経済学」というものを創造していかなくてはならないと思います。

考えてみれば、「経済」ということばのもとになった「オイコノモス」というギリシャ語は、召使いとか執事の意味をもっていました。主人の家計のお世話や管理をするという意味です。その意味では、穀物の種子を撒《ま》いて育てる農夫や、飼っている羊の管理をまかされている羊飼いなども、オイコノモスの周辺にいる人々であるということになるでしょう。これらの職業でなによりも大切なことは、羊の頭数を数えたり、計算を間違えないという能力ではなく、羊や人間や穀物に対して、信頼と愛と思いやりをもってつきあうことのできる能力でした。そうでないと「経済」は暴走をはじめてしまう恐れがあるからです。

私は子豚のベイブが羊たちから学んだという、あの呪文のことを思い出します。「バーラーミュー、

バーラーミュー、羊毛を身にまといし仲間たちに、変わらぬ忠誠と愛を」。エコノミーの真の精神は、まさにここに尽きます。

さてと、そろそろ終わりにしましょう。ここで私がしゃべったことが、何十年も先に、たしかな果実をもたらすことになったりしたら、こんなに幸福なことはないでしょう。私はみなさんに期待しているのですよ。(二〇〇二年四月二五日~七月一一日、於中央大学)

『北欧神話と伝説』――103
ポトラッチ――55〜57,59,60,62,64,78
ボードレール――25
ボロメオの結び目――34,41,170,182

マ

埋蔵金――113
マーカンテリズム（重商主義）――125,126
マーシャック，アレキサンダー――89,90
魔術，魔力，魔術点――81,113,131,134
マーリンガー，ヨハネス――80
マルクス，カール――6,41,113,144,146,148,150,152〜154,156,158,160,161,165〜170,196
ミダス――109,110
『緑の資本論』――172
宮沢賢治――136,137
妙好人――71,75
ミラボー――134〜136,140
ミレー――134
無意識――4,29,121,160
モース，マルセル――5,6,46,52,74,79
モノ――6,7,32,35〜45,48〜50,52,54,55,63,76〜78,139,140,150,151,163,184

ヤ

山室静――103
欲望――12,13,187
吉本隆明――69

ラ

ラカン，ジャック――6,33,34,65,140,141,160,170,182
楽市楽座――43
ラビナウ，タマティ――47
ラランヌ――87
量子論――44,45
ルロワ=グーラン，アンドレ――90
霊，―力，―性――48〜50,52,59,60,65,68,70,77,78,110,151,176,182,185
レヴィ=ストロース――6
労働，―力――125,128〜131,138,139,141,142,147〜152,154〜158,163,166,167,180
ロキ――104〜106,112
ロゴス――14,15
ローセルのヴィーナス――87,90

ワ

ワグナー，リヒャルト――99,107,113,115,116,118,119,121

～56,59,62～65,67～72,74～78,98,110,114,125,132,136～140,146,147,150～152,154,156,161,162,165,167,170,176,181,183,186,196,198～200,204
贈与の哲学――30
贈与論――4,6,46,55,69,76,79,132,134～136,144,146,147
『贈与論』――5,45,46,74
ゾーエー――61,62
疎外――148～151,167

タ

対称性――136
大地――125,130～132,136,138～142,147,148,161,162
代理表象――156～158,163
他者の悦楽――140,141,162,166,170
蓄積――104,113
中間的対象――39,40
超自然的な（もの），超越者の思考　20,55,190
ディオニュソス――61
テクネー――199,200,202
哲学，一的思考――21,30,80,81,86
デュル，ハンス・ペーター――84
デリダ，ジャック――79
等価交換――22,35,41
洞窟，一壁画――79～82,84～87,91,93,94,109,161
富――98,103,107,109～115,118～120,125,126,128,130～132,142,148,166,176,180,185,186,195,198
トルストイ主義――151

ナ

『贋金』――26,32
『ニーベルンゲンの歌』――99,113
『ニーベルンゲンの指輪』――107,113,118
『農業哲学』――135
『農民芸術概論綱要』――137

ハ

ハイゼンベルク――45
ハイデッガー――65,95,198～200,202
ハイド，ルウィス――61,62
ハウ――47,48,59,66～68,77
ハーベイ――128
『パルジファル』――119
『反デューリング論』――155
ビオス――61,62
比較神話学――99
非人格化――149
ピタゴラス――95
ファロスの悦楽――164～167,170
フィジオクラシー（重農主義），フィジオクラット――125,126,134,135,138～141,147,151,152,154,161,162
不確定，一性――29,33,37,39,43,44,50
プトレマイオス３世――119
フロイト――6,160
『プロテスタンティズムの倫理と資本主義の精神』――174
『文明の起源』――90
ペスト――47,66
ベルグソン――157
ペルスヴァル――190～192,194,196,197,203
『ペルスヴァルまたは聖杯の物語』　116,118
『ペルレスヴァウス』――193
返礼――5,23,28,37,38,41,54,57～59,62,63,67,74
ボアズ，フランツ――56,59
ポイエーシス――199

合理性，合理的，合理化── 12,13,29,49,51,125,132,138,167,202
『穀物論』── 129
『小僧の神様』── 15,16,28,32,54,55,64,74
国家── 111,112
コッパー── 58〜61,64,65,78
コミュニケーション── 32,195,196
コルヌコピア── 95,96,114,115,118,119,124〜126,130〜132,138,142,153〜155,195,198
コルベール── 126,127

サ

『祭祀からロマンスへ』── 194
『再生の女神セドナ』── 84
『サガ』── 99
ザスーリチ── 168
サーリンズ── 48,67
シェル，マルク── 116
「ジェルベール」── 194
志賀直哉── 15,16,18
『時間を与える──贋金』── 79
自然の知恵── 104
資本主義── 25,35,41,96,98,115,116,121,124,152〜154,156,157,161,163,165〜168,170,173〜175,180〜183,186,187
資本（の）増殖── 6,158,180,182,183,185
『資本論』── 144,146,158,159,165,167
社会学── 5,14,46
シャーマン── 82,84,93,111
宗教── 30,72,134,181
宗教的思考── 29,55,94
純粋贈与── 5,16,22〜24,29,32,33,63〜72,74〜81,85,86,93,94,109,110,114,125,136,139〜141,161,163,170,176,180〜182,185,187,204
純生産── 129,130,132,138〜141,154,156,160〜162,176,181〜183
使用価値── 44,154,156〜158,163
象徴界── 140
商品，一経済── 29,35〜38,41,42,44,49,50,154〜156,165,166
剰余価値── 6,130,132,138,139,141,142,156,158,160〜162
人格，一性，一的── 32,35,36,38〜43,48〜50,52,54,65,147,150,151
新石器革命── 72
『人民の友』── 134
親鸞── 69,71,72,75
人類学，一者── 21,46,47,66,84
『人類最古の哲学──カイエ・ソバージュI』── 158
神話学── 30
神話的思考── 5,12,30,68,70,108,125,132,136,137,194,202
精神分析学── 6,13,14,34,39,40,160,162,165
聖杯，一の伝説── 115〜118,121,125,126,190,192,194〜196
聖霊── 173,176,178〜183,187
『石器時代の経済学』── 48
絶対他力── 72
『先史時代の宗教』── 80
全体性── 7,13,22,29,32,76,140,204
全体性の経済学，全体性としての経済── 21,172,173,182
全体的社会事実── 5
増殖，一力── 38,48,64,68,77,78,80〜82,85,86,91,94,113,125,128,129,139,152,161,163,165,166,176,180,182,183,185〜187
想像界── 140,141
贈与── 4〜6,16,21〜25,28〜30,32,33,35,37〜40,41,43,44〜46,48〜52,54

索引

ア

愛――12～15,40,52,131,132,144～148,150,152,162,167,196,205
アーサー王伝説――118
浅原才市――71
阿弥陀仏――70,71
アーリントン，エドワード――95
イエス・キリスト――116～118,184
イシス――61
『ウィベルンゲンまたはサガに開示されたる世界の歴史』――116
ウェストン，ジェシー――194
ウェーバー，マックス――174,175
『ウォルスング家のサガ』――99,109,112,113
ヴォルテール――177～179
『エッダ』――99
エディプス――190
エンゲルス――153～155
オイコノモス――204
黄金――105～109,112～115,119,127
お金――21,107,145,146
オシリス神話――61
織田信長――43
女の悦楽――141,162,164,166,170

カ

鍛冶屋――107,108
価値（の）増殖――5,59,152～157,162,163,173
貨幣，―価値――22,33,36,42,45,49,99,105,108～114,119,120,125,127,128,145,154,165,196
『貨幣・言語・思考』――116
神，神様――20,21,23,24,29,33,42,50,55,64,65,111,136,139,185
ガルブレイス，ジョン・K――124
カント――33,65
『技術への問い』，『技術論』――198,202
ギーディオン，ジークフリート――87
『ギフト』――61
去勢――40,164
キリスト教（徒）――115,172～174,177,181
グノーシス主義――150
『熊から王へ――カイエ・ソバージュII』――79,111,184
クリスマス――41,183,185,186
クレチアン・ド・トロワ――116,118,191,193,194
グレンベック――103
グローバル経済，グローバル資本主義――6,30,166
経済――12～15,21,22,29,30,32～34,40,45,127,128,149,174,176,203,204
経済学――4,5,13,14,21,46,124～126,132,160,162,204
『経済学・哲学手稿』――144,148,149
「経済表」――132,175
ケネー，フランソワ――126～130,132,134,135,175
『ケネー「経済表」再考』――127,135
ケレーニイ――61
言語学，言語論――4
現実界――140～142
権力――6,111,113
交換――4～6,16,22～25,28,29,32,33,35～41,43,45,46,48～51,58,65,74,75,77,98,110,113,114,125,136,138,140,146,150～152,154,155,157,158,160,161,163,165,167,170,176,181～183,186,196,198,202～204
交換価値――38,39,44,154,156,157,163

愛《あい》と経済《けいざい》のロゴス　カイエ・ソバージュIII

二〇〇三年一月一〇日第一刷発行　二〇一六年一一月一〇日第一三刷発行

著者　中沢新一《なかざわしんいち》

発行者　鈴木　哲
発行所　株式会社講談社
東京都文京区音羽二丁目一二―二一　郵便番号一一二―八〇〇一
電話（編集）〇三―三九四五―四九六三　（販売）〇三―五三九五―四四一五
（業務）〇三―五三九五―三六一五
装幀者　山岸義明
印刷所　慶昌堂印刷株式会社　製本所　大口製本印刷株式会社
定価はカバーに表示してあります。
落丁本・乱丁本は購入書店名を明記のうえ、小社業務あてにお送りください。送料小社負担にてお取り替えいたします。なお、この本についてのお問い合わせは、選書メチエあてにお願いいたします。

ISBN4-06-258260-0　Printed in Japan
N.D.C.163　210p　19cm

講談社選書メチエ　刊行の辞

書物からまったく離れて生きるのはむずかしいことです。百年ばかり昔、アンドレ・ジッドは自分にむかって「すべての書物を捨てるべし」と命じながら、パリからアフリカへ旅立ちました。旅の荷は軽くなかったようです。ひそかに書物をたずさえていたからでした。ジッドのように意地を張らず、書物とともに世界を旅して、いらなくなったら捨てていけばいいのではないでしょうか。

現代は、星の数ほどにも本の書き手が見あたります。読み手と書き手がこれほど近づきあっている時代はありません。きのうの読者が、一夜あければ著者となって、あらたな読者にめぐりあう。その読者のなかから、またあらたな著者が生まれるのです。この循環の過程で読書の質も変わっていきます。人は書き手になることで熟練の読み手になるものです。

選書メチエはこのような時代にふさわしい書物の刊行をめざしています。

フランス語でメチエは、経験によって身につく技術のことをいいます。道具を駆使しておこなう仕事のことでもあります。また、生活と直接に結びついた専門的な技能を指すこともあります。

いま地球の環境はますます複雑な変化を見せ、予測困難な状況が刻々あらわれています。

そのなかで、読者それぞれの「メチエ」を活かす一助として、本選書が役立つことを願っています。

一九九四年二月　　　　　　　　野間佐和子

アイヌの世界観　山田孝子
日本語に主語はいらない　金谷武洋
テクノリテラシーとは何か　齊藤了文
複数の日本語　工藤真由美・八亀裕美
ことばと身体　菅原和孝
どのような教育が「よい」教育か　苫野一徳
会社を支配するのは誰か　吉村典久
文明と教養の〈政治〉　木村俊道
感情の政治学　吉田　徹
冷えと肩こり　白杉悦雄
緑の党　小野　一
マーケット・デザイン　川越敏司
「社　会《コンヴィヴィアリテ》」のない国、日本　菊谷和宏
権力の空間／空間の権力　山本理顕
地図入門　今尾恵介
国際紛争を読み解く五つの視座　篠田英朗
中国外交戦略　三船恵美
易、風水、暦、養生、処世　水野杏紀
「こつ」と「スランプ」の研究　諏訪正樹
新・中華街　山下清海
ノーベル経済学賞　根井雅弘編著

読むことの力　R・キャンベル編
交響曲入門　田村和紀夫
アメリカ音楽史　大和田俊之
音楽とは何か　田村和紀夫
漢字の魔力　佐々木　睦
昭和のドラマトゥルギー　許　光俊
ピアニストのノート　V・アファナシエフ　大野英士訳
民俗と民藝　前田英樹
ブリティッシュ・ロック　林　浩平
桃源郷　川合康三
教会の怪物たち　尾形希和子
クラシック魔の遊戯あるいは標題音楽の現象学　許　光俊
見えない世界の物語　大澤千恵子
パンの世界　志賀勝栄
小津安二郎の喜び　前田英樹
金太郎の母を探ねて　西川照子
ニッポン　エロ・グロ・ナンセンス　毛利眞人

ヘーゲル『精神現象学』入門　長谷川　宏
カント『純粋理性批判』入門　黒崎政男
知の教科書　ウォーラーステイン　川北　稔編
知の教科書　スピノザ　C・ジャレット　石垣憲一訳
知の教科書　ライプニッツ　F・パーキンズ　梅原宏司／川口典成訳
知の教科書　プラトン　M・エルラー　三嶋輝夫ほか訳
ドゥルーズ　流動の哲学　宇野邦一
フッサール　起源への哲学　斎藤慶典
トクヴィル　平等と不平等の理論家　宇野重規
完全解読　ヘーゲル『精神現象学』　竹田青嗣　西　研
完全解読　カント『純粋理性批判』　竹田青嗣
完全解読　カント『実践理性批判』　竹田青嗣
完全解読　フッサール『現象学の理念』　竹田青嗣
トマス・アクィナス『神学大全』　稲垣良典
本居宣長『古事記伝』を読むⅠ～Ⅳ　神野志隆光
西洋哲学史Ⅰ～Ⅳ　神崎　繁／熊野純彦／鈴木　泉責任編集
分析哲学入門　八木沢　敬

意味・真理・存在　分析哲学入門・中級編　八木沢　敬
神から可能世界へ　分析哲学入門・上級編　八木沢　敬
ソシュール超入門　P・ブーイサック　鷲尾　翠訳
ベルクソン＝時間と空間の哲学　中村　昇
夢の現象学・入門　渡辺恒夫
九鬼周造　藤田正勝

近代性の構造　今村仁司
身体の零度　三浦雅士
人類最古の哲学　カイエ・ソバージュⅠ　中沢新一
熊から王へ　カイエ・ソバージュⅡ　中沢新一
愛と経済のロゴス　カイエ・ソバージュⅢ　中沢新一
神の発明　カイエ・ソバージュⅣ　中沢新一
対称性人類学　カイエ・ソバージュⅤ　中沢新一
近代日本の陽明学　小島　毅
未完のレーニン　白井　聡
経済倫理＝あなたは、なに主義？　橋本　努
ヨーガの思想　山下博司
パロール・ドネ　C・レヴィ＝ストロース　中沢新一訳
意識は実在しない　河野哲也
ドイツ観念論　村岡晋一
子供の哲学　檜垣立哉
国家とインターネット　和田伸一郎
弁証法とイロニー　菅原　潤

古代ギリシアの精神　田島正樹
朱子学　木下鉄矢
精読　アレント『全体主義の起源』　牧野雅彦
ブルデュー　闘う知識人　加藤晴久
連続講義　現代日本の四つの危機　齋藤元紀編
怪物的思考　田口卓臣
熊楠の星の時間　中沢新一
来たるべき内部観測　松野孝一郎
丸山眞男の敗北　伊東祐吏
アメリカ　異形の制度空間　西谷　修
絶滅の地球誌　澤野雅樹